Media Aesthetics

Won Kim

Media Aesthetics

미디어 미학

Won Kim

김원

GROSSO

목차
CONTENTS

서문
인간은 미디어를 통해 세계를 만난다   9

1장. 폴리포니: 공간의 확장
말과 음악   17
그레고리오 성가와 말의 힘   20
음악의 힘을 말에 집중시킨 중세 교회   22
미디어가 된 수도원과 성당   26
고딕 성당과 다성 음악의 시작 말의 시대를 넘어 음악의 시대가 시작되다   28
거대한 공간이 여러 소리를 품는다   32
대위법, 원근법, 기보법   35
산마르코 대성당의 더블 콰이어   37
미디어로 발전한 음악   40

2장. 악보와 인쇄술: 공간의 이동
음악을 다른 공간으로 옮겨주는 미디어가 된 악보   45
악보의 출판으로 축적되고 선택되는 음악   47
인쇄술과 악보의 대중화 스타일과 취향의 탄생   49
사교계의 필수 교양이 된 음악   53
바흐의 방과 리스트의 무대 신 앞에 선 단독자의 공간   56
소리 없는 세상을 통해 초월적 세계로 들어선 베토벤   62
바그너의 바이로이트 극장   68

3장. 녹음과 방송: 공간의 연결과 초월

음악을 복제하다 75

방송으로 확장된 음악의 공간 78

복제 기술에 대응한 미술과 음악의 차이 80

방송과 함께 성장한 미국의 오케스트라들 83

재즈 녹음, 방송 기술과 함께 태어난 음악 89

비밥과 추상표현주의 95

시간을 편집한 글렌 굴드와 마일즈 데이비스 분리된 공간에서 녹음된 조각들을 이어 만드는 걸작들 98

삶에서 음악을 지워가는 위대한 공연자 그리고리 소콜로프 101

카를로스 클라이버의 <7번 교향곡>과 120개의 스플라이싱 테이프 104

마이크와 카메라 앞에서 연기하는 진실과 감동 예술가의 몰락 108

4장. 디지털 음악: 공간의 해방

데이터가 된 음악 113

백화점과 콘서트홀 귀족들의 문화를 중산층에게 선보이는 미디어 117

쿠팡과 스포티파이 공간의 해방과 해방의 대가 122

상상력과 호기심 데이터 감수성 126

디지털 음악 아카이브와 메타데이터 데이터 감수성을 위한 첫걸음 129

데이터 감수성 생략된 감각을 복원하는 힘 132

공간의 해방과 음악적인 삶 135

5장. 인공지능

축적된 데이터를 학습하는 인공지능_{확률로 쓰이는 음악}   139

바둑과 음악   141

보니 엠과 e스포츠   144

<유리알 유희>와 인공지능   148

해체되는 무대와 창작의 공간   151

감상의 미학   155

인공지능과 폴리포니   158

미디어가 된 인공지능_{미디어를 지배하는 자가 세계를 지배한다}   160

6장. 미디어 아트

존재의 폴리포니   165

백한승의 <푸른 꽃>   170

인스타그램_{존재의 표층을 연결하는 미디어 아트}   174

구글 포토_{사적 영역의 미디어 아트}   177

신세계 백화점의 크리스마스 조명_{도시 규모의 미디어 아트}   181

감사의 말

참고 음악 목록

에필로그

서문
PREFACE

인간은 미디어를 통해
세계를 만난다

인간은 세계를 만나는 존재다. 그러나 우리는 더 이상 세계를 목격하거나 직접 만지면서 경험하지 않는다. 대부분의 사람들은 가보지 않은 장소, 만나본 적 없는 인물들을 텍스트와 이미지, 영상을 사용하는 미디어를 통해 만난다. 그리고 오늘날 텍스트와 이미지, 영상은 데이터가 되었다. 우리가 만나는 세계는 더 이상 고정된 대상이 아니다. 세계는 데이터가 된 정보가 연결되고 복제되고 변형되면서 끊임없이 재조합되는 역동적인 흐름이나. 세세는 신실과 사실로 구성되어 있는 것이 아니라, 역동성으로 유지된다. 인간은 그 역동적인 세계와 미디어를 통해 연결되어 살아간다. 미디어는 세계를 나누고, 분리하고, 연결한다. 분리되었다가 다시 연결된 세계는 이전보다 더 역동적으로 확장된다. 더 많은 사람들을 더 커진 세계와 연결하는 이 과정은 때로 냉정하고 폭력적이다. 전쟁이나 팬데믹 같은 대재앙이 새로운 미디어의 등장을 촉진시켜서 인간이 세계와 만나는 방식을 바꾸기도 한다.

이 책은 음악사에서 일어난 네 개의 결정적 장면을 통해, 음악의 공간이 어떻게 변화했는지 살펴볼 것이다. 음악의 공간이 확장되고, 연결되고, 초월하고, 해방되는 과정 속에서 음악을 통해서 인간을 세계와 이어주는 새로운 미디어가 태어났다. 단선율의 그레고리오 성가에서 즉흥적인 폴리포니 음악인 재즈에 이르기까지 오랜 음악의 역사 속에서 많은 미디어가 등장했다. 그리고 문자와 악보 인쇄, 녹음과 방송 기술, 디지털 기술 같은 수단들이 각각의 결정적 장면에 함께 등장했다. 이 기술들은 본래 태어나자마자 사라져야 할 음악을 기록하고, 전달하고, 저장하고, 재생하면서 냉정하게 음악을 추상화하고 표준화했다. 말의 억양과 예민한 뉘앙스가 문자로 표기되면서 제거된 결과, 어머니의 말과 판사의 말이 동일한 기호로 표시된다. 미묘한 음정의 차이와 피타고라스의 순정률이 가진 자연스러운 조화의 아름다움은 기보법이 발전하고 평균율이 완성되는 과정에서 무시되었다. 고딕 성당 같은 아름다운 건축물이 만들어내는 공기와 빛의 조화는, 소리를 녹음하기 위해 기압의 변화를 전압의 변화로 치환하는 과정에서 생략된다. 그리고 전압의 변화는 주파수가 가지고 있던 아름다운 진폭의 곡선을 잃고 0과 1로 이루어진 차가운 데이터로 변환되었다.

이 책이 주목하는 네 개의 결정적 장면은 다음과 같다.

1. 12세기, 고딕 성당에서 다성 음악이 허용되면서 음악이 입체적인 공간을 확보하는 장면.
2. 15~16세기, 악보가 인쇄되어 유통되면서 음악이 연주되는 시간과 공간이 이동하는 장면.
3. 20세기, 녹음 기술과 라디오가 음악을 복제한 후 다른 시간과 공간에서

재생하면서 공간을 연결하고 초월하는 장면.
4. 21세기, 디지털화된 음악이 네트워크를 타고 대부분의 개인에게 직접 연결된 결과 공간이 해방되는 장면.

이 네 가지의 전환을 통해서 음악의 공간이 바뀌는 과정은, 인간이 세계를 인식하고 세계와 연결되는 방식이 바뀌는 역사이기도 하다. 음악이 연주되는 공간을 소유한 권력자들이 바뀌면서 음악도 함께 변했다. 권력이 성장하면서 왕국과 제국이 등장했고 음악이 연주되는 공간도 커졌다. 그리고 그 공간을 채우기 위해 새로운 악기가 만들어졌고 음악 양식이 발전하면서 연주 단체의 규모도 커졌다. 바흐Johann Sebastian Bach 1685~1750는 소리로 공간을 채우는 방법인 대위법을 완성했고, 베토벤Ludwig van Beethoven 1770~1827에 이르러 교향곡과 현악사중주를 통해 콘서트홀에서 우주를 만날 수 있게 됐다. 이 변화들을 따라가다 보면 우리는 음악이 인간이 세계를 만나는 방법이었다는 것을 깨닫게 된다. 우리는 미디어를 통해 음악을 경험하지만, 음악 자체가 우리와 세계를 이어주는 미디어이기도 하다.

직접 보고 만지는 세계가 아니라 미디어를 통해 연결되는 세계는 개인이 된 인간을 고립시킨다. 무대 위에 홀로 선 피아니스트는 청중들의 세계와 분리돼 자신의 내면에 집중할 수 있도록 높은 무대에서 조명을 따로 받는다. 마이크와 카메라 앞에 선 배우는 청중 없는 무대에 서서 스크린과 스피커를 통해 보여지고 소비될 판타지를 연기한다. 소셜 미디어로 연결된 개인들은 이모티콘 정도의 감정만 교감하고, 목소리를 나누는 전화는 불편하다. 하지만 유튜브와 인스타그램에서 개인은 더 용감해지고 과감해진다. 미디어가 감당할 수 없고, 감당할 필요도 없는 공간으로 개인을 확장시키고 연결시키기 때문이다.

지식과 함께 예술도 데이터가 되어 네트워크를 타고 흐른다. 미디어 아트는 더 이상 브라운관 TV로 만화경을 보여주는 예술이 아니다. 냉정한 표준화 과정에서 생략되고 제거된 인간과 세계 사이의 생동감을 어떻게 회복시킬 것인지가 미디어 아트의 주제가 될 것이다. 사진이 회화에 가져온 충격보다 더 근본적인 변화가 인공지능을 통해 예술에 찾아오고 있다. 인공지능 앞에서 예술가는 어떻게 개성을 확보할 것인가? 지금 이 순간도 어마어마한 속도로 축적되고 있는 데이터들 사이에서, 백 년도 못 사는 한 예술가의 데이터는 무슨 의미를 지닐까?

이 책은 그레고리오 성가부터 12세기 파리의 고딕 성당에서 시작되는 다성 음악의 기록을 거쳐 20세기 미국의 재즈에 이르기까지 거의 천오백 년 동안의 음악사와 동시대의 사건들을 다루고 있다. 우리는 더 이상 전설적인 명연주자들의 음반을 어렵게 구해서 듣지 않는다. 우리는 이제 세상의 모든 음악을 모아 놓은 데이터베이스에 스마트폰으로 접속해서 인공지능이 추천해 주는 음악을 듣는다. 영화와 드라마도 마찬가지고, 곧 세상의 모든 그림을 TV 화면으로 만날 수 있을 것이다. 내 취향을 나보다 먼저 파악한 인공지능이 내가 선택하지 않은 영상과 음악, 그림을 보여줄 것이다. 세상 소식을 전해주는 뉴스도 소셜미디어를 통해 나와 취향과 성향을 공유하는 커뮤니티를 통해 전달받을 것이다. 어쩔 수 없는 일이겠으나 적어도 나의 취향만큼은 내가 정하고 살아야겠다. 미디어를 통해 세계를 만나게 되면서, 인간은 미디어의 한계 내에서 세계를 인식한다. 인간만이 표준화 과정에서 생략된 생동감과 세계의 여백을 다시 채울 수 있다. 미디어를 해석하면서 만나는 세계의 여백을 나의 호기심과 상상력으로 채워야 한다. 나의 취향과 호기심, 상상력과 판타지가 세계를 역동적으로 만든다.

미디어 미학

CHAPTER I

폴리포니: 공간의 확장
POLYPHONY: EXPANSION OF SPACE

말과 음악

음악은 생겨나는 순간부터 사라지기 시작한다. 그래서 고정되지 않는 것이었다. 음악은 잠시 공간을 채우지만 이내 흩어진다. 인간의 삶과 시간도 마찬가지다. 걷는 도중에도 과거의 나는 발자국만 남기고 사라진다. 가만히 앉아있는다 해도 움직이지 않아 차이와 변화를 만들어내지 못하는 시간들은 아예 기억에서도 사라진다. 문명은 이런 것들을 고정시키려는 노력과 함께 발전했다. 음악을 고정하는 방법이 오랜 세월에 걸쳐 고안되고 발전했는데, 음악은 그것을 고정하는 방법에 따라 변화했다. 문자와 악보, 음반 같은 미디어가 음악을 고정하기 위해 사용되었고 각 미디어의 특성에 따라 음악은 달리 전승되고 전파되었다.

서양 음악의 역사에서 기록되어 전해지는 가장 오래된 음악인 그레고리오 성가Gregorian Chant는 사실 읽고 말하는 방법이었다. 유대인의 시편 낭송과 예배 전통을 따라서 초기 교회의 전례가 만들어졌다. 수도원과 성당에서 수도사들이 시편과 복음서를 낭송했고, 수도원의 규모가 커지면서 여러 명의 수도사가 낭송에 참여했다. 함께 부르기 쉽도록 운율과 리듬이 자연스럽게 생겨났고, 지역과 민족에 따라 다양한 전승들이 생겨났다. 800년에 서로마의 황제가 된 샤를마뉴Charlemagne 742~814 대제는 로마 교회와의 연합을 통해 로마 전례 음악Old Roman Chant을 프랑크Francia kingdom 지역 전역에 보급하려 했다. 교황의 권위 아래에서 이 전례는 점차 정비되기 시작했고, 그 결과가 그레고리오 성가다. 다양한 교회음악이 존재하던 중세 교회에서 각 지역의 언어 대신 라틴어가 쓰이게 됐고, 지역 언어의 독특한 억양과 즉흥성은 제거됐다. 미디어는 항상 표준화를 통해 다양성을 제거하면서 인간을 더 확장된 세계와 연결한다. 유럽은 표준화된 성가를 부르는 하나의 교회를 갖게 됐고, 각 지역의 토착민들은 로마네스크 수도원과 성당 안에서 통일된 전례 음악을 공유하는 유럽인이 되었다.

이후 다성 음악과 기악 음악이 발전하면서 그레고리오 성가의 전승은 잊혀지고 왜곡되었는데, 프랑스 혁명 이후 브람스Johannes Brahms 1833~1897가 태어나던 1833년에 프랑스의 솔렘 수도원Abbaye Saint- Pierre Solesmes에서 프로스페르 게랑제Prosper Guéranger 1805~1875가 혁명 이후 파괴된 교회 전통을 복원하는 과정에서 그레고리오 성가를 재구성했다. 게랑제는 로마 가톨릭의 초기 전례와 성무일도를 재건하려고 했는데 마땅한 성가집을 찾을 수 없었다. 그는 솔렘의 수도사들을 유럽 전역의 도서관에 파견해서 그레고리오 성가를 기록한 사본들을 발굴했고 수 십 년간의 연구와 편찬 과정을 통해 그레고리오 성가를 재구성해낼 수 있었다. 하지만 재구성된 그레고리오 성가는 1903년까지 로마에서 받아들여지지 않았다. 편찬 과정에서 삭제된 문자와, 발음의 길이를 표시하기 위해 새로 추가된 기호들이 문제였다. 그레고리오 성가가 본질적으로 문자를 읽어서 말에 운율을 붙이는 방법이기 때문에 생긴 문제였다.

말과 음악은 전혀 다른 방식으로 작동한다. 말은 동시에 울리는 것을 참지 못한다. 말은 서로 경쟁한다. 형용사보다는 명사가 되고 싶어 하고, 부사보다는 동사가 되고 싶어 한다. 우리는 내가 말하고 있는 동안에는 상대방이 침묵하기를 바란다. 듣고 있는 상대방은 내 말의 템포를 면밀히 주시하면서 자기 말을 슬쩍 끼워 넣을 적절한 순간을 포착하기 위해 늘 긴장하고 있다. 반면 음악은 여러 음이 동시에 울려 조화를 이룰 때 더 아름다워진다. 말은 음악에 비해 폭력적이어서 빠르고 즉각적인 힘을 발휘한다. 말을 기록하는 문자를 빌려서 음악을 기록한 그레고리오 성가는 말의 속성을 이어받았다. 교회 안에서 부르는 그레고리오 성가에는 하나의 목소리와 선율만 허용되었다. 여러 목소리를 동시에 울려서 공간을 채우는 다성 음악이 허용되기 위해선 하나의 목소리만으로는 채울 수 없을 정도로 공간이 거대해지는 12세기 고딕 건축의 시대까지 기다려야 했다.

그레고리오 성가와
말의 힘

기보법과 악보가 등장하기 이전에는 말을 표기하는 문자를 빌어서 음악을 기록했다. 그래서 기보법이 등장하기 전의 음악들은 성악곡들만 기록되어 전해진다. 음정과 박자의 표기법이 충분히 발달하지 않았던 중세 시대에 음악은 연주자를 훈련하는 시스템을 통해서 구전되었다. 그리고 시스템을 안정적으로 유지하기 위해선 권력이 필요했다. 서양의 중세 시대에 이 권력은 교회였고, 우리가 알고 있는 가장 오래된 유럽 음악은 라틴어로 적혀 전해지는 그레고리오 성가다. 그레고리오 성가를 부르는 수도원의 수사들은 네우마 neuma라고 하는, 가사 위에 상대적인 음의 고저를 표기한 기보법을 이용했다. 상대적인 음정 진행만 기록된 불완전한 기보법만으로는 그레고리오 성가의 선율과 전승, 전통을 보존할 수 없었다. 그래서 수도사들은 이 성가들을 암기해서 불렀고, 성가의 가사와 선율의 대략적인 윤곽을 담고 있는 네우마는 성가의 가사를 보존하고 새로운 수도사들을 훈련하는 용도로 쓰였다. 이 훈련에서 가장 중요한 것은 가사의 뜻과 정서를 전승된 선율에 담아 듣는 사람들에게 잘 전달하는 것이었다. 교회는 신의 말씀을 전하는 도구인 성가가 자칫 세속의 혼탁한 선율과 섞이는 것을 우려했고 화음마저 제한했다.

피타고라스 Pythagoras c.570~c.495 BCE 이래로 잘 알려진 수학적 비례와 음들의 조화는 중세 시대에도 우주의 질서를 파악하는 기초 원리로 받아들여졌다. 서양철학의 다른 분야와는 달리 그리스의 음악 이론들은 중세 시대에도 잘 보존되었다. 음들의 조화에 대한 지식과 그 조화가 빚어내는 쾌락은 중세 교회에도 전해졌다. 하지만 여러 소리가 조화를 이루면서 동시에 울리는 것이 교회 안에서 허용되고 다성 음악이 서양음악의 주류 음악으로 등장하기 위해선 파리에 노트르담 대성당 Notre-Dame Cathedral이 지어지는 12세기까지 기다려야 했다. 더 나아가 음악이 춤출 수 있는 리듬을 수용하고, 이야기를 생생하게 재연하기 위해 기쁨과 탄식 같은 인간의 감정을 표현할 수 있게 되기까지는 이백 년을 더 기다려 르네상스 시대를 맞이해야 했다. 절묘하게 조화를 이루는 화음이 사람에게 주는 쾌락이 얼마나 강력한지를 생각해 볼 때, 중세 천년 동안 교회 안에서 화음이 제한되고, 하나의 목소리를 고수하는 전통이 지켜진 것은 동시에 울리는 것을 불편해하고 내가 말하고 있는 동안 상대방을 침묵시키는 말의 힘이었을 것이다.

음악의 힘을 말에 집중시킨
중세 교회

억눌렸기에 더욱 강력했을 것이 분명한 화음에 대한 욕망이 그레고리오 성가를 더욱 감동적으로 만든다. 욕망을 제어하는 것이 숙명인 수도사들이 해가 저문 저녁이나 새벽에 어두운 수도원에서 그레고리오 성가를 부르는 것을 상상해 본다. 로마네스크 수도원의 높은 천장이 자연스럽게 배음

harmonic overtone 어떤 음을 들을 때, 그 음 하나만 들리는 게 아니라 그 음의 진동수의 정수배에 해당하는 소리(배음)도 동시에 들리는

현상을 만들어내면서, 수도사들의 노래는 메아리가 되어 자연스럽게 천상의 화음을 이루며 수도원을 채운다. 수도사들은 전승된 선율을 벗어나서 한 옥타브 높은 음이나 아름다운 화성인 5도 위의 음으로 노래를 부르고 싶었을 것이다. 그러나 엄격한 훈련과정을 통해 신의 뜻에 순종하고 자신의 욕망을 버리는 것을 기쁨으로 배운 수도사들은 천상의 화음에 직접 참여하고 싶은 욕망을 참아낸다. 그렇게 참아낸 수 백 년의 세월이 그레고리오 성가에 담겨있다. 잘 들어보면 그레고리오 성가를 부르는 수도사들의 목소리는 늘 떨리고 있다.

지배자들은 권력을 유지하기 위해 음악을 후원했다. 녹음과 방송 기술이 등장하기 전엔 음악이 연주되는 공간을 지배하던 자들이 음악도 함께 지배했다. 태어나는 순간부터 사라지기 시작하는 음악은 연주할 공간이 없이는 존재할 수 없었기 때문이다. 그래서 중세의 음악은 음악가를 훈련하는 시스템과 음악이 연주되는 공간의 주인인 교회에 복종할 수밖에 없었다. 왕의 권력이 성장해서 교회의 힘이 약해졌을 때는 세속 권력이 음악을 후원했다. 왕과 귀족들은 음악이 주는 쾌락을 이용하는 법을 자식들에게 가르치면서 스스로 기꺼이 춤과 노래의 생산자가 됐고, 뛰어난 음악가를 얻으려 분주했다. 음악은 항상 부와 권력이 있는 곳에서 꽃을 피웠다.

말과 논리는 서로 경쟁하고 상대방을 굴복시켜 체계와 조직의 근간이 된다. 그러나 말을 이용해서 지배자의 위치에 오른 자들은 이내 말만으론 사람들을 지배할 수 없다는 것을 깨닫는다. 사람들을 움직이기 위해선 그들의 감정을 지배해야 한다는 것을 배우거나 깨달은 지배자들은 늘 음악가들을 곁에 두었다. 음악은 한 공간에 모인 사람들이 춤을 추게 하고, 이야기를 노래로 만들어서 많은 사람들을 울고 웃게 한다. 이것들은 말로는 이룰 수 없는 일이다. 음정과 박자, 선율과 조성 같은 음악의 법칙들은 단어의 형태나 순서를 바꾸어서 의미를 만들어내거나, 동사의 어미를 바꾸어서 시간에 대한 가짜 감각을 만들어내는 언어의 문법과는 전혀 다르다. 목소리와 악기의 독특한 음색은 귀를 사로잡고 동시에 울리는 느린 음들은 몸을 늘어지게 하며 경쾌한 리듬은 춤을 추게 한다. 언어는 이런 소리가 가진 절대적이고 매력적인 특성들을 모두 무시하고 모든 의미를 표준화한다. 엄마가 하는 말속의 단어와 판사의 말속의 단어가 같은 의

미를 가진 것이라 강요한다.

강요와 폭력으로는 이룰 수 없는 일들을 이루기 위해 음악은 늘 유용했다. 서양의 교회는 음악의 힘을 말에 집중시킴으로써 중세를 지탱하는 힘을 얻었다. 서양의 중세를 지배한 기독교는 신의 말씀을 대중에게 전달할 때 항상 음악을 사용했다. 예수의 탄생과 죽음, 부활을 기념하고 교회를 세운 성인들을 기억하기 위한 날들로 교회의 달력은 빼곡히 채워졌다. 그리고 매일 새벽부터 밤까지 지켜야 할 의식이 정교하게 지정되었다. 구약의 말들과 신약의 말들, 그리고 간구와 신앙고백의 말들이 정해진 순서에 따라 사제와 성가대에 의해 노래로 불렸다. 일반 신자들은 알아들을 수 없는 라틴어로 부르는 이 노래들은 알아들을 수 없었기에 더욱 절대적이었다. 배우지 않고 알게 된 것들은 신념의 근원이 된다. 이런 것들은 지적인 것이 아니라 정서적이고 감성적인 것이어서 설득되지 않고, 공격받으면 오히려 더욱 단단해진다. 이것들을 억지로 빼앗긴 사람들은 대부분 분노와 절망 속에서 마지막까지 저항한다.

교회에서 세례를 받으면서 공식적인 생을 시작했던 중세의 사람들은 대부분 평생 글을 배울 기회를 얻지 못했다. 이들에게 키리에^{Kyrie}는 그리스어이고 이어지는 글로리아^{Gloria}와 상투스^{Santus}는 라틴어라는 것은 큰 의미를 갖지 못했을 것이다. 교회의 전례 중에 뒤늦게 통상 미사에 포함된 신앙고백인 크레도^{Credo}의 긴 라틴어 가사를 제대로 알아듣는 이는 사제들뿐이었다. 중세인들은 성당 벽에 조각된 성인들의 모습과 스테인드글라스 위에 표현된 예수의 탄생과 고난, 성모의 슬픔을 보면서 노래를 들었다. 그들은 그 노래가 천장에 닿아 아름다운 화음으로 성당을 채우는 순간 천장에 그려진 하늘나라를 보았을 것이다. 이곳에서 노래는 스스로 의미를 드러냈고 그 순간 예배에 참여한 신자들은 뜻 모를 라틴어를 알아들었다.

미디어가 된
수도원과 성당

미디어는 인간을 세계와 분리하고, 나눈 뒤 다시 연결한다. 이 과정에서 연결하는 수단이 표준화되고 다시 연결된 세계는 역동적으로 확장된다. 8세기 후반부터 샤를마뉴의 프랑크 세계에선 라틴어로 표준화된 그레고리오 성가가 불렸고, 라틴어를 쓰는 수도원과 성당은 중세인들을 일상생활에서 분리했다. 10세기 후반엔 서유럽 전역에 걸쳐 로마네스크 양식의 수도원과 성당이 빠르게 확산되었다. 베네딕트 수도회 Benedictine Order, 클뤼니 수도원 Cluny Abbey, 시토회 Cistercian Order 등의 수도원 운동이 조직적인 수도회 네트워크를 구축하면서 수도원과 성당이 모범적인 양식에 따라 건축됐다. 벽을 두껍게 쌓고, 반원형의 아치를 사용해서 무게를 분산한 결과, 높은 천장을 갖게 된 로마네스크 수도원과 성당은 어둡지만 소리의 반향이 좋은 내부 구조를 갖게 됐다. 단선율의 그레고리오 성가는 깊은 울림을 통해 이 아름다운 건축물과 천상의 조화를 이루었고 이곳에서 각 지역의 토착민들은 유럽인으로 성장했다.

중세의 성당은 단순한 건축물이 아니라 신의 세계를 감각적으로 체험하게 해주는 미디어였다. 이 시대에 사람들은 성당이라는 미디어를 통해 신의 세계와 연결되는 경험을 했다. 이 시대에 사람과 세계를 연결해 주는 또 다른 미디어로 책이 있었다. 하지만 대부분의 사람들은 글을 읽지 못했고 성경은 라틴어를 읽고 말하는 사람들이 독점하고 있었다. 그래서 그림과 음악을 통해 신과 교회에 대한 지식이 일반인들에게 전달되었다. 성당의 벽과 천장은 글을 읽지 못하는 사람들을 위해 벽화와 조각으로 채워졌다. 그리스도와 성인들의 삶, 고난과 구원의 메시지가 성당이라는 미디어를 통해서 전해졌다. 그리고 성당이라는 미디어를 지배하는 교회는 중세 유럽 세계를 지배했다.

고딕 성당과 다성 음악의 시작:
말의 시대를 넘어 음악의 시대가 시작되다

12세기 프랑스에서 고딕건축이 시작됐다. 고딕 성당의 높고 넓은 내부 공간은 더 이상 하나의 목소리만으로는 채워지지 않았다. 세련된 아치와 높은 천장, 스테인드글라스로 된 창문을 통해서 산란하는 빛과 반사되는 음의 잔향 속에서 여러 소리가 서로를 방해하지 않고 공존하며 울릴 수 있게 되었다. 마침내 사람들은 성당이라는 미디어를 통해서 여러 선율이 동시에 울리는 세계를 만나게 되었다. 말의 시대를 넘어서 음악의 시대가 시작되었다.

12세기의 파리는 유럽에서 가장 큰 도시였고 프랑스 왕들은 파리를 중심으로 중앙집권화를 추구했다. 신앙과 이성의 조화를 강조하는 스콜라 철학이 태동해 번성했고 1215년에 세워진 파리대학은 그 중심지가 됐다. 필리프 2세^{Philippe II 1165~1223}는 루브르 성^{Louvre Castle}을 지어서 왕궁으로 삼았고, 파리대학의 설립을 후원했으며 선왕이던 루이 7세^{Louis VII 1120~1180}가 시작한 노트르담 대성당의 건축도 계속 지원했다. 1285년에 필리프 4세 Philippe IV 1268~1314가 즉위하자 프랑스의 중앙집권화는 절정에 이르렀다. 프랑스의 주권을 강화하면서 로마 교황과의 권력투쟁에서도 승리한 필리프 4세는 교황청을 아비뇽으로 옮겨버렸다. 프랑스가 유럽을 제패하면서 파리는 유럽 최대 도시로 발전했고 신학, 철학과 새로운 고딕건축의 중심지가 되었다.

1163년 유럽 최대의 도시 파리에서 건축되기 시작한 노트르담 대성당은 당시 유럽에서 가장 큰 성당이었다. 고딕 양식의 건축 기술이 본격적으로 사용된 최초의 라틴 식 고딕 성당이었던 노트르담 성당은 하늘에서 바라보면 아래쪽이 좀 더 긴 거대한 십자가 모양을 하고 있다. 베네치아의 산마르코 성당 Basilica di San Marco 같은 그리스나 비잔틴 식 성당들은 네 방향으로 뻗은 십자가의 길이가 모두 같다. 십자가의 밑부분에 해당하는 노트르담 대성당의 출입구는 서쪽을 바라보고 있고, 동쪽을 바라보는 십자가 위쪽엔 제단이 위치한다. 그리고 동서로 길게 늘어진 건물과 남북으로 교차하는 십자가의 중심에 첨탑이 세워졌다. 이 첨탑의 바로 아래에서 동쪽 제단 쪽으로 조금 올라간 곳이 성가대가 위치하는 자리다. 성당 내부에선 서쪽 출입구부터 동쪽 제단까지 길게 이어진 통로만 보이고, 이 성당이 십자가 모양이라는 것은 드러나지 않는다. 이 성당의 자랑인 오르간은 서쪽 출입구 위에 설치된 장미창 바로 아래에 있다. 동쪽 제단 쪽에서 밀려오는 성가대의 소리는 서쪽 출입구 쪽에서 시작되는 오르간 소리와 통로 중간에서 만나 성당의 천장으로 높이 솟아오른다.

고딕 건축 이전의 로마네스크 수도원과 성당은 천장의 무게를 견디기 위해 반원형의 아치를 사용했다. 벽을 두껍게 쌓고 창문을 작게 냈다. 로마네스크 성당에선 성가대가 단선율 음악인 그레고리오 성가를 노래했다. 소리가 크지도 않고 리듬이 화려하지도 않은 그레고리오 성가는 어두운 로마네스크 수도원과 성당에 잘 어울렸다. 두터운 벽에 부딪혀 반사되는 소리가 수도원 천장에 닿아 넓게 퍼지면 공간 전체에 신비로움이 가득 찼다. 로마네스크 건축과 달리, 고딕 건축은 무게를 더 효율적으로 분산시키기 위해서 끝이 뾰족하게 모이는 첨두형 아치를 사용했다. 건물 바깥에 날개처럼 설치된 플라잉 버트레스Flying Buttress도 높아진 외벽의 무게를 지탱해 주었다. 혁신적인 기술을 사용해서 무게를 잘 분산한 고딕건축은 높은 천장과 넓고 긴 창문을 갖게 되었고, 큰 창문에는 스테인드글라스를 설치해 성당 내부에 신비로운 빛이 머물게 했다. 성당의 천장이 높아지고 내부가 밝고 화려해지자 서양 중세 음악사에서 가장 혁명적 변화가 일어났다. 교회에서 다성 음악polyphony이 허용된 것이다.

이전까지 서유럽 교회에선 신앙적 일치를 강조하는 '우나 보체Una Voce 하나의 목소리'라는 개념이 중시됐다. 교회에서 한목소리로 예배하고 찬양하면서 통일된 기독교 공동체를 만들기 위해 사용된 개념이다. 12세기에 노트르담 대성당을 중심으로 노트르담 악파가 등장하기 전까지, 서유럽의 교회에서는 하나의 선율만으로 이루어진 단성 음악monophony만 연주됐다. 초기 기독교의 공동체에서 다양한 모습으로 발전하던 교회음악은 로마 교황을 중심으로 한 교회 권력의 질서가 확립되면서 그레고리오 성가로 표준화되고 통일되었다. 이 과정에서 동방 전통이 포함된 밀라노의 암브로시안 성가Ambrosian Chant를 제외하고 다른 전통들은 모두 사라졌다. 교회 안에선 여자가 노래할 수 없었고, 오르간을 제외하고 악기의 사용이 금지됐다.

거대한 공간이
여러 소리를 품는다

교회에서 하나의 목소리만 허용됐다고 해서, 중세음악이 화음의 아름다움에 무지했던 것은 아니다. 교회 밖의 세속음악에선 이미 다성 음악이 유행하고 있었다. 동로마 교회의 비잔틴 음악에선 여자 수도원을 중심으로 여성의 교회음악 참여도 허용됐고 악기도 사용되고 있었다. 여성을 대신해서 소년들이 오랫동안 교회음악에 참여해 왔기 때문에 어린이의 높은 소리가 어른들의 낮은 소리와 화성을 이루어 아름다운 음악이 된다는 것을 교회음악가들은 잘 알고 있었다. 산술, 천문, 기하학과 더불어 음악이 4가지 기초 학문Quadrivium에 포함되어 있었고, 대학에선 수학적 비율과 화성에 관한 피타고라스의 아름다운 이론을 가르쳤다. 다만 오래된 규약과 전통이 다성 음악을 수백 년 동안 교회 안에서 금지하고 있었을 뿐이었다. 그러나 높이 솟은 고딕 양식의 노트르담 대성당이 세워지면서 성당을 가득 채우는 오르간의 웅장한 소리와 단선율의 그레고리오 성가를 부르는 성가대 소리 사이의 균형이 무너졌다. 단성 음악의 한계가 뚜렷하게 드러났다. 하나의 목소리만으로는 이 거대한 건축물을 채울 수 없었고 교회는 다성 음악을 허용할 수밖에 없었다.

10개의 같은 악기가 내는 소리보다 5개의 서로 다른 악기가 내는 소리가 실제로 더 크게 들리는데 다양한 주파수가 겹치면서 음향이 풍부해지기 때문이다. 고딕건축 기술이 발달하면서 교회의 천장은 하늘에 닿을 듯 높아졌는데 높아진 공간을 단순한 주파수 대역을 사용하는 단성 음악만으로 채울 수 없었다. 두 배로 커진 공간에서 노래하는 사람의 수를 두 배로 늘린다고 해서 공간은 이전처럼 충분히 채워지지 않는다. 오히려 숙련되지 못해서 완벽하게 같은 음정을 내지 못하는 성가대는 주파수 간의 상쇄와 간섭 때문에 더 작은 소리를 낼 수도 있다.

성당이라는 미디어가 확장되면서, 이전 시대의 미디어였던 로마네스크 성당을 채우기 위해 쓰이던 그레고리오 성가와 말의 한계가 드러났다. 미디어가 다루는 공간과 세계가 확장되면 기존의 미디어가 사용하던 수단으로는 감당할 수 없게 된다. 로마네스크 성당의 규모에선 다른 소리가 동시에 울리는 것을 허용하지 않는, 말의 힘이 작용하는 그레고리오 성가로 충분했다. 하지만 고딕 성당에선 더 다양한 주파수와 음정, 더 많은 감정이 필요했다. 그래서 마침내 교회에서 다성 음악이 허용됐다. 단순한 음악 양식의 변화가 아니었다. 미디어가 된 성당이 감당해야 할 세계가 확장되고, 확장된 세계와 연결될 사람들의 감각을 새롭게 조직할 방식이 필요해진 결과였다. 고딕 성당에서는 하나의 소리를 나누고 분리하여 다시 조화롭게 연결하는 음악이 필요했다. 공간이 확장되자, 미디어는 소리를 나누고, 분리하고, 다시 연결해야 했다. 폴리포니가 등장하면서 나뉜 소리를 대위법^{counterpoint}이 연결했고 수도원과 성당은 더욱 역동적으로 변모했다.

대위법, 원근법, 기보법

레오냉 Léonin c.1150~c.1201과 페로탱 Pérotin c.1160~c.1230이 노트르담 악파의 대표적 음악가다. 이들은 교회음악의 성부를 여러 개로 나누어 확장시켰고, 심지어 각 성부마다 서로 다른 리듬을 부여하기도 했다. 이 시기의 다성 음악은 여러 성부가 같은 가사로 노래를 부르면서 화음을 이루는 화성적 다성 음악이 아니고, 각 성부가 각기 다른 리듬과 가사, 멜로디를 갖고 있는 음악이었다. 바로 이점 때문에 마이크와 스피커로 증폭된 음악에 익숙한 현대의 음악 감상자들은 중세와 르네상스 음악 감상을 어려워한다. 하지만 이것이 마이크와 스피커 없이 순수하게 사람의 목소리만으로, 거대해진 공간을 채우기 위해서 고안된 방법이라고 이해해 보자. 그러면 다성 음악은 중세 건축의 신비로움과 함께 한없이 매력적으로 들리게 된다. 여러 명이 서로 다른 소리를 내는 것이 공간을 채우는 가장 효율적인 방법이었고, 확장된 공간을 소리로 채우기 위해서 시작된 다성 음악 polyphony은 르네상스를 거치면서 대위법으로 발전했다. 이후 15세기 초 회화에서는 평면에 3차원 공간을 재현하기 위한 수학적 원근법이 정립되었는데, 대위법과 원근법은 음악과 회화가 공간을 다루는 방식이었다.

레오냉과 페로탱 이후에 등장한 14세기의 프랑스 음악가들은 노트르담 악파의 음악을 '아르스 안티쿠아Ars Antiqua 낡은 예술'라고 하면서 스스로를 '아르스 노바Ars Nova 새로운 예술'라고 부르며 새로운 음악 사조를 주창했다. 이 사조의 대표적 음악가인 필립 드 비트리Philippe de Vitry 1291~1361는 리듬과 박자를 더 세밀하게 표시할 수 있는 기보법을 고안해 냈다. 그 결과 중세 프랑스의 성당들은 더 화려한 소리로 채워졌고, 아르스 노바의 음유시인 기욤 드 마쇼Guillaume de Machaut c.1300~1377는 프랑스어로 시를 쓰고 노래를 만들어 악보를 남겼다. 기욤 드 마쇼는 최초로 완전한 미사곡을 창작한 작곡가였고, 자신의 미사곡 <우리 성모의 미사Messe de Nostre Dame>에 프랑스어 제목을 붙였다. 비록 라틴어로 된 미사 통상문의 가사는 그대로였지만, 미사 제목에 프랑스어가 쓰이면서 악보 위에서는 라틴어와 프랑스어가 공존하는 시대가 열렸다. 이 음악 사조는 세속음악에도 영향을 줘서 이탈리아의 르네상스 음악으로 발전하는 길을 열었다. 아마도 낭만주의 음악 이전에 클래식 음악의 역사에서 프랑스 음악이 이탈리아 음악에 큰 영향을 준 마지막 장면일 것이다.

산마르코 대성당의 더블 콰이어

다성 음악이 중세의 건축물 안에서 가장 입체적으로 구현된 사례는 16세기 초 베네치아의 산마르코 대성당 St. Mark's Basilica에서 찾을 수 있다. 산마르코 대성당은 1063년에 지어지기 시작한 중세 비잔틴과 로마네스크 양식의 성당이다. 이 아름다운 성당의 내부에는 두 개의 2층 발코니가 마주 보고 있는데 이곳에 성가대석이 설치되어 있다. 르네상스 다성 음악의 본고장이었던 플랑드르 출신으로 1527년에 산마르코 대성당의 지휘자로 부임한 아드리안 빌라르트 Adrian Willaert c.1490~1562 그리고 그의 자리를 이어받은 안드레아 가브리엘리 Andrea Gabrieli c.1533~1585 와 그의 조카 조반니 가브리엘리 Giovanni Gabrieli c.1554~1612 는 산마르코 대성당을 더블 콰이어로 가득 채웠다. 이들은 산마르코 대성당의 독특한 구조를 이용해서 르네상스 시대에서 가장 입체적인 음악을 선보였다. 마주 보고 있는 2층 발코니에서 두 개의 성가대가 서로 번갈아 가며 노래를 불렀다. 때로는 1층 제단 앞에도 또 다른 성가대가 배치됐다. 성당 내부의 좌우에서 번갈아 부르는 노래는 청각적인 원근법을 사용해서 성당을 입체적으로 울리는 자연적인 스테레오 사운드였다. 제단 앞에 선 세 번째 합창단이 합세하면 공간은 더욱 깊어졌고, 3차원의 공간에 입체적인 다성 음악이 더해져 4차원 시공간을 울리는 음악으로 대성당은 가득 찼다. 뛰어난 오르간 연주자였던 안드레아와 조반니 가브리엘리는 두 대의 오르간으로도 더블 콰이어 같은 효과를 내는 연주를 하곤 했다.

산마르코 대성당의 더블 콰이어에서 시작된, 공간을 입체적으로 사용하는 음악 기법은 비발디^{Antonio Vivaldi 1678~1741}와 바흐에게도 전해졌다. 비발디의 <바이올린협주곡 A장조^{RV 552}>에는 '멀리서 들리는 메아리처럼^{Per Eco in Lontano}'이란 부제가 붙어있다. 이 협주곡에선 두 대의 바이올린이 물리적으로 서로 떨어진 공간에서 연주하도록 되어있고, 하나의 바이올린이 연주하면 멀리 떨어진 곳에서 또 다른 바이올린이 마치 메아리처럼 그 선율에 대답한다. 이 작품에서 비발디는 물리적 공간의 거리감과 시간차를 음악적으로 구현하면서 다성 음악이 공간을 얼마나 입체적으로 채울 수 있는지를 보여준다.

바흐는 다성 음악을 하나의 악기로 구현하려는 대담한 시도를 그의 <무반주 첼로 모음곡 6번 D장조^{BWV 1012}> 중 첫 번째 곡 <프렐류드^{Prelude}>에서 보여준다. 비발디가 두 대의 바이올린을 동원해서 구현했던 입체감을 바흐는 이 작품에서 한 대의 첼로로 구현하고 있다. 이 곡을 연주하는 첼로 연주자는 같은 선율을 한번은 크게, 그다음엔 작게 연주하면서 비발디의 바이올린이 메아리를 흉내 내는 모습을 재현한다. 바흐가 최고 수준의 대위법을 구사해서 작곡한 이 곡은 대위법이 원근법처럼 공간을 표현하기 위해 고안된 방법이란 사실을 다시 한번 깨닫게 한다.

고딕 건축과 함께 거대해진 공간을 다루기 위해서 다성 음악의 시대가 열렸다. 그레고리오 성가처럼 단일한 선율을 통해 시간의 흐름을 따라가던 음악은 다성 음악과 함께 시공간을 다루는 예술이 되었다. 공간을 분할하고 나눠서 입체적으로 사용하면서 음악은 감각을 설계하는 수단이 되었고, 이러한 입체적 감각 설계는 이후 바그너 Richard Wagner 1813~1883의 바이로이트 극장 Bayreuth Festspielhaus에서 극적으로 구현된다. 바그너는 오케스트라를 관객의 시야에서 완전히 숨기고 무대와 청중 사이의 공간 아래에 배치했다. 이전까지는 무대와 청중의 사이에서 둘 사이를 하나의 평면으로 이어주던 오케스트라가 사라지자, 바그너의 오페라에선 무대와 청중이 물리적으로 분리됐다. 조각난 영화의 시공간을 음악이 이어주듯, 보이지 않는 곳에서 솟아오르는 음악은 무대 위의 신들의 세계와 청중을 이어주었고 바그너만의 입체적 음악 드라마가 만들어졌다.

미디어로 발전한 음악

인간을 세계와 연결하는 미디어를 지배하는 자가 세계를 지배하는데, 중세의 미디어는 성당이었다. 12세기 프랑스에 유럽에서 가장 큰 노트르담 대성당이 지어지고 최초로 다성 음악이 등장했다는 것은 당시 세계의 지배 권력이 변화했다는 것을 의미한다. 프랑스의 왕권이 교황의 권위를 능가하기 시작하면서 교황청이 프랑스의 아비뇽으로 옮겨졌다. 우여곡절 끝에 교황은 다시 로마로 돌아갔지만 한동안 로마교회에는 2명의 교황이 존재했다. 서유럽의 정치적 구심점이 로마와 파리로 나뉘면서 세계에는 하나의 중심이 아닌 여러 개의 중심이 존재하게 되었고 세계는 좀 더 입체적으로 변화했다.

이런 시기에 파리의 노트르담 악파는 소리를 중첩시키는 다성 음악을 발전시켰다. 여러 개의 소리가 동시에 울려 서로 부딪히고 어울리는 다성 음악 안에는 서로 다른 것이 공존했고, 같은 공간에서 함께 음악을 듣고 있는 사람들도 어떤 선율에 집중하고 있느냐에 따라 서로 다른 음악을 듣게 되었다. 르네상스 시대에 이르러 전성기를 맞게 되는 교회의 다성 음악을 제대로 감상하기 위해선 다르게 움직이는 선율들을 동시에 듣기 위한 훈련이 필요했다. 한 번에 전체가 이해되지 않는 이 시대의 교회 음악과 관련해서 모차르트가 이탈리아의 작곡가 알레그리Gregorio Allegri 1585~1652의 <미제레레Miserere>를 로마 여행 중에 악보 없이 듣고서 외웠다는 일화가 유명하다. 알레그리의 <미제레레>는 5성부 성가대 하나와 2개의 4성부 성가대, 도합 3개의 합창단이 동원되는 르네상스 양식의 복잡하고 아름다운 다성 음악이다. 이 곡은 성주간에 바티칸의 시스티나 성당Sistine Chapel에서만 연주되었는데 신비로움을 유지하기 위해서 악보의 유출은 엄격하게 제한되었다. 그런데 당시 14살의 모차르트Wolfgang Amadeus Mozart 1756~1791는 로마 여행 중에 시스티나 성당에서 이 곡을 들었고, 나중에 기억을 되살려 악보를 적고 편곡까지 했다고 한다. 유출이 엄격히 금지되었던 <미제레레>의 모차르트 버전이 유명해졌고 교황 클레멘트 14세Clemens XIV 1705~1774는 모차르트를 로마로 소환해서 칭찬하고 황금 박차 기사단 Equestrian Order of the Golden Spur의 훈장을 수여했다는 이야기가 전해진다. 모차르트 정도의 천재성이 아니면 르네상스의 복잡한 다성 음악을 전체적으로 파악하기 어렵다는 걸 보여주는 재미있는 일화다.

중세의 미디어였던 성당은 다성 음악을 품으면서 공간의 새로운 차원을 열었다. 신을 중심으로 하나의 선율로만 채워지던 평면적인 공간이 입체적인 공간이 되었고, 르네상스 시대가 되면서 소리로 만들어지는 입체적인 공간은 더욱 정교해졌다. 대위법이 발전하면서 독립적인 각 선율들이 조화를 이루었고, 음향의 구조는 입체적인 도형을 다루는 복잡한 기하학처럼 발전했다. 기욤 뒤파이Guillaume Dufay c.1397~1474, 질 뱅슈아Gilles Binchois c.1400~1460, 요한네스 오케겜Johannes Ockeghem c.1410~1497 같은 뛰어난 작곡가들이 등장하면서 교회는 음악을 감상하는 곳이 되었고 사람들은 음악을 통해서 일상에선 체험할 수 없는 세계를 경험했다. 이제 음악은 성당을 채우는 도구에서 스스로 공간을 구성하고 사람들을 새로운 시공간에 연결하는 미디어로 변모했다.

CHAPTER II

악보와 인쇄술: 공간의 이동
MUSICAL SCORES AND PRINTING:
THE MOVEMENT OF MUSICAL SPACE

음악을 다른 공간으로 옮겨주는 미디어가 된 악보

음악은 본래 공간에 묶인 예술이었다. 한 장소에서 연주되고, 연주의 순간이 지나면 사라지는 것이었다. 그래서 음악 작품을 후세에 전하기 위해선 연주자가 직접 배우고 암기한 것을 공동체 안에서 구전으로 전수해야 했고, 공동체를 벗어난 음악은 다른 모양이 되기 쉬웠다. 음의 높낮이와 리듬을 표기하는 기보법이 발전하기 전까지 음악은 문자에 의존해 기록되었고 여전히 말의 속성을 갖고 있었다. 라틴어로만 기록된 그레고리오 성가는 교회 안에서 여러 목소리가 울리는 것을 제한했을 뿐만 아니라 지역의 특색과 각 언어의 특징이 음악으로 표현되는 것도 제한했다.

12세기 이후 노트르담 악파 Notre Dame School 는 제한적이지만 6가지 모드로 박자를 표기하는 기보법을 고안했다. 14세기, 아르스 노바 시대엔 드디어 음표의 모양으로 음의 길이를 구분해서 표기할 수 있는 기보법이 등장했다. 음의 길이와 박자, 높낮이가 종이에 기록될 수 있는 구조를 갖추게 되면서 비로소 음악이 한정된 공간을 벗어날 가능성이 생겼다. 기보법의 발전은 '기억의 기술'이었던 음악을 '읽기의 기술'로 바꾸었고 드디어 음악은 특정한 장소에 고정되지 않고 다른 공간으로 이동할 수 있게 되었다. 그러나 손으로 옮겨 적은 악보의 필사본은 여전히 한정된 세계 안에서 유통될 수밖에 없었다. 실제로 음악이 대규모로 공간을 이동하게 된 것은 인쇄술의 등장 이후다. 인쇄술은 악보의 대량 복제를 가능하게 만들었고, 악보는 특정한 시간과 장소를 벗어나 다양한 지역과 시대의 연주자와 청중에게 음악을 전달하는 미디어가 되었다. 이제 음악은 교회나 궁정, 지역 공동체의 울타리를 넘어 새로운 청중과 새로운 공간을 찾아 움직이기 시작했다. 인쇄된 악보는 음악을 하나의 고정된 장소에서 벗어나게 만든 최초의 대중적 미디어였다.

악보의 출판으로 축적되고 선택되는 음악

서양음악에서 음악을 기보하려는 시도는 오래전부터 있어 왔다. 중세 수도원에선 노래의 선율을 암기하고 재현하기 위해 네우마를 사용했다. 네우마에는 정확한 음높이나 박자가 표시되지 않았기 때문에, 음악은 여전히 훈련된 기억의 공동체 안에서만 재현되었다. 음악 작품들은 공동체 안에서 훈련받은 대로 재현되었고 전승과 전통이 중시되었다. 그러나 11세기경 귀도 다레초 Guido d'Arezzo c.991~after 1033가 4선보 위에 음정을 표시하는 방법을 고안하면서 음악은 눈으로 읽을 수 있는 체계를 갖추기 시작했고, 음악은 '전승'이 아닌 '해석'의 대상이 되었다. 기보법의 발달은 음악을 읽고 이해하고, 해석해서 다시 연주할 수 있게 했다. 이전까지 음악은 순간의 연주로만 존재했지만, 이제 음악은 시간을 뛰어넘어 전해질 수 있는 객체가 되었다. 필사된 악보는 그 자체로 하나의 '텍스트'가 되었고, 음악은 단순히 들리는 소리가 아니라 해석을 요구하는 기호 체계로 바뀌었다.

하지만 이 시기의 악보는 여전히 필사본에 의존했고, 필사는 고도로 훈련된 전문 필경사나 수도사들의 손을 거쳐야 했다. 기보법은 점점 더 정교해지고 필사된 악보는 아름다웠지만, 악보가 실제로 공간을 이동해서 유통되고, 대중화되기 위해서는 또 다른 기술적 도약이 필요했다. 바로 인쇄술이었다. 1450년경 구텐베르크의 인쇄술이 보급된 이후, 악보는 신문보다 빨리 인쇄의 대상이 되었다. 1501년, 이탈리아의 베네치아에서 오타비아노 페트루치Ottaviano Petrucci 1466~1539가 유럽 최초로 다성 음악 악보를 인쇄해 출판했다. 이제 음악은 더 이상 특정 장소에 머무르지 않게 되었다. 필사의 한계를 벗어난 악보는 대량으로 복제될 수 있었고, 특정 연주자나 작곡가의 작품이 지역을 넘어 퍼지기 시작했다. 그리고 음악은 이동 가능할 뿐 아니라 축적도 가능해졌다. 음악이 축적되자, 사람들은 음악을 선택할 수 있게 되었다. 누군가가 어떤 음악을 연주한다는 것은 그 음악을 선호하고 있다는 걸 의미하게 되었다. 이제 음악은 권위 있는 공동체의 구술 전승이 아니라, 개인이 소비하는 문화적 상품이 되었다. 개인은 인쇄된 여러 악보들 중 취향에 따라 자신이 좋아하는 악보를 선택하고 구매하는 소비자가 되었다.

인쇄술과 악보의 대중화:
스타일과 취향의 탄생

요하네스 구텐베르크Johannes Gutenberg c.1398~1468가 서양 최초의 금속활자를 발명해 인쇄술의 문을 연 이후 바로크 시대로 접어들면서, 악보를 전문적으로 인쇄하고 유통하는 사업자들이 등장했다. 특히 16세기 중반, 스페인으로부터 독립한 네덜란드의 암스테르담은 칼뱅주의 신교를 받아들인 도시였고 종교 탄압을 피해 도피해온 인쇄업자들이 모여드는 피난처가 되었다. 암스테르담은 검열로 인해 금서가 된 종교·사상서를 인쇄해 배포하면서 유럽 인쇄업의 중심지로 성장했다. 흥미로운 점은, 악보의 인쇄·유통이 신문보다도 약 100년가량 먼저 시작되었다는 사실이다. 오늘날 신문 1면에 실리는 정치·군사와 관련된 민감한 정보들은 엄격한 검열의 대상이었다. 이런 예민한 정보는 로마, 베네치아, 파리, 비엔나 같은 도시에서 손으로 필사한 편지의 형태로 믿을 만한 우편망을 통해 구독자들에게 전달되었다. 반면 음악은 하나의 악보를 여러 연주자가 함께 보면서 연주하는 특성 덕분에 대량 인쇄에 유리했다. 정치나 종교적 풍자를 담은 일부 노래가 검열 대상이 되기도 했으나 기악 음악은 검열의 대상이 아니었기 때문에 자유롭게 유통될 수 있었다. 악보를 인쇄하며 축적된 인쇄 기술과 유통망은 훗날 신문 출판 유통 시스템의 토대가 되었다.

악보의 유통이 본격화되자, 음악 소비자들이 등장했다. 인쇄업자들은 시장의 수요를 반영해 소비자들이 선호하는 스타일의 작품을 작곡가들에게 의뢰했고, 연주자들은 시장에 유통된 악보 중 원하는 곡을 선택해 연주했다. 17세기 후반 이탈리아 작곡가 아르칸젤로 코렐리 Arcangelo Corelli 1653~1713는 현악기와 합시코드를 사용해서 쉽게 연주할 수 있는 트리오 소나타를 작곡해 암스테르담에서 출판해서 큰 인기를 얻었다. 간결하면서도 아름다운 선율을 지닌 이 곡들은 유럽 전역의 연주자들에게 큰 호응을 얻었고 코렐리는 12개의 작품이 들어있는 작품집을 5권이나 출판했다. 이후 등장한 비발디는 <사계 The Four Seasons>가 포함된 바이올린 협주곡 작품집을 암스테르담에서 인쇄했다. 새로운 작품을 기다리는 영국과 독일, 오스트리아, 프랑스의 음악 애호가들이 이 작품들의 주요 구매자였고, 바흐는 이 작품들을 직접 필사하고 편곡하면서 자신의 음악 세계를 구축해 나갔다. 악보 출판은 작곡가들에게 새로운 수입원이 되었고, 교회나 궁정의 후원이 없이도 생계를 유지할 수 있는 가능성을 열어주었다. 드디어 교회나 궁정에 소속되지 않고 활동하는 프리랜서 음악가들이 등장했는데, 바흐의 아들 빌헬름 프리데만 바흐 Wilhelm Friedemann Bach 1710~1784와 모차르트가 대표적 인물이다. 하지만 이들은 아버지로부터 물려받은 두터운 인맥과 세기의 천재성에도 불구하고 빠르게 변하는 음악 소비자의 변덕스러운 취향을 따라가지 못하고 결국 불우한 말년을 보내야 했다.

악보들이 다양하게 공급되고 취향이 빠르게 변하면서 음악을 선택하고 감상하는 능력이 사회적 위신과 교양의 지표가 되기 시작했다. 르네상스 시대에는 다성 음악이 발전하면서 같은 음악을 들으면서도 서로 다른 선율에 집중하는 음악 감상자들이 등장했고, 바로크 시대가 되어 음악이 악보로 인쇄되어 유통되자 악보를 남다르게 해석하는 연주자들이 등장했다. 음악 연주에 스타일이란 것이 생겼다. 인쇄된 악보가 유통되기 이전에는, 작곡가와 연주자들이 성당과 궁정 같은 권력자들의 공간에 소속되어 있었고 훈련과 전승을 통해서 음악 작품을 연주하는 전통적인 방식이 유지되고 보존됐다. 이때의 음악은 문화유산과 같은 것이었다. 인쇄된 악보는 연주자에게 자율성을 부여했다. 이제 연주는 더 이상 공동체의 기억을 되풀이하는 의례가 아니라, 종이에 기록된 음악을 해석하고 표현하는 개인의 행위가 되었다. 음악가들은 악보를 통해 다양한 작곡가의 스타일을 비교하고, 자신의 해석을 담아 연주하는 주체가 되었다. 인쇄된 악보들이 축적되고 악보를 연주하는 스타일이 다양해지자 좋은 연주를 판가름하는 기준을 정해야 했다. 어느 작곡가가 더 위대한지 또 어느 작품이 더 훌륭한 지 판단하는 일도 중요한 관심사가 되었다. 뛰어난 감각과 식견을 가진 사람들이 등장했고 음악에 대한 평가와 평론도 등장했다. 축적된 악보들 사이에도 우열이 생기기 시작했고 우리가 지금 클래식 음악이라고 부르는 바로 그 의미의 '클래식' 음악이 구별되기 시작했다. 악보라는 대중적 미디어와 함께 탄생한 스타일과 취향은 음악 세계를 더 역동적으로 만들었다.

이 시기 비엔나에서 뛰어난 감식안을 가진 것으로 인정된 대표적인 인물이 고트프리트 판 슈비텐 남작 Gottfried van Swieten 1733~1803이다. 그는 오스트리아 황제 마리아 테레지아Maria Theresia 1717~1780의 주치의였던 게라르트 판 슈비텐Gerard van Swieten 1700~1772의 아들이었고, 신성로마제국 도서관장이었다. 그는 모차르트에게 바흐의 음악을 본격적으로 소개한 인물이기도 하다. 그의 집에서는 매주 일요일 바흐의 작품을 연구하는 사적 모임이 열렸고, 모차르트는 이 모임에서 바흐 음악의 구조와 아름다움을 깊이 있게 체득했다. 18세기 후반 신흥 부르주아 계급이 상류층에 진입하기 시작하면서, 명문 귀족들 사이에서 무엇이 진정 귀족적인 자질인가에 대해 진지하게 성찰하는 움직임이 일어났다. 판 슈비텐 남작은 복잡하고 어려운 바흐의 음악과 대위법의 아름다움을 이해하는 능력을 진정한 귀족적 자질이라 여겼다. 그는 바흐의 아들들의 음악에도 깊은 관심을 보였고, 모차르트 사후에 비엔나에 등장한 베토벤의 심오한 작품의 열렬한 후원자가 되었다. 당시 음악회에 참여한 귀족들은 연주보다 남작이 연주에 보이는 반응을 더 예민하게 지켜봤고, 남작이 만족의 미소를 보이면 그제야 안심하고 박수를 쳤다는 이야기가 전해진다. 음악을 해석하고 감식하는 능력의 유무가 귀족적 품격을 판단하는 기준이 되어가고 있었다.

사교계의 필수 교양이 된 음악

목소리에 타고난 재능이 없어도 악기를 훈련하여 연주할 수 있다면 음악에 참여할 수 있는 시대가 열리면서, 악보를 구매하는 연주자들과 그것을 소장하고 싶어 하는 음악 애호가들이 생겨났다. 음악은 개인의 훈련과 선택, 그리고 취향의 영역이 되었고, 특정한 시간과 장소에만 허용되는 의례적 행위가 아니라 개인의 감정과 취향에 따라 소비되는 사적 경험으로 변화하기 시작했다. 음악을 연주하는 사람과 듣는 사람 사이의 관계도 변했다. 중세까지의 음악은 훈련된 종교인이나 궁정 음악가들의 전유물이었다. 청중도 마찬가지로 그 공동체의 일원으로서 음악을 함께 따라 부르거나, 예배에 참여하는 방식으로 음악을 경험했다. 음악은 사회적 역할과 종교적 의례 속에 녹아 있었고, 감상보다는 참여와 소속이 중요한 시대였다.

그런데 다성 음악이 등장한 이후, 같은 음악을 들으면서도 남과 다른 선율에 집중할 수 있고, 선율들 사이의 부딪침과 조화를 감상할 수 있는 예민하고 재능 있는 사람들이 있다는 게 알려지기 시작했다. 악보가 유통되면서 악보를 다르게 해석하는 연주자들이 등장했다. 다양한 연주 스타일이 생겨났고, 음악은 취향에 따라 선택하고 즐길 수 있는 감각적 경험이 되었다. 악보를 통해 다양한 지역의 음악이 유통되면서 사람들은 새로운 음악을 접할 기회를 얻게 되었고, 연주자가 되지 않더라도 음악을 수집하고 비교하고 감상하는 취향의 주체로 변모했다. 귀족의 자녀들은 사교계에 진출하기 위해 어릴 때부터 가정교사를 두고 악보를 읽고, 악기를 연주하는 교육을 받았다. 좋은 배우자를 만나기 위해선 무도회에 참석해야 했고 춤과 음악은 필수적인 교양이 되었다. 모차르트와 베토벤도 비엔나 귀족의 자녀들에게 음악을 가르쳤다.

베토벤은 대부분의 음악 장르에서 정점에 다다른 작품들을 남겼는데, 바이올린 소나타도 예외는 아니다. 베토벤 바이올린 소나타의 특징은 바이올린을 건반악기와 동등하게 취급하고 있다는 것인데, 많은 음악 애호가들이 바이올린 같은 중요한 악기가 베토벤에 이르러서야 건반악기와 동등한 위치를 차지했다는 사실에 놀란다. 사교계에 진출하기 위해 귀족 가문의 딸들이 주로 건반악기를 연주했기 때문에 생긴 일인데, 당시 사회에 대한 배경지식이 좀 필요하다. 강한 폐활량을 요구하는 관악기들은 주로 남자가 연주한다. 현대의 교향악단에서 여성 관악기 연주자들을 쉽게 볼 수 있는 것은 악기와 여성들의 복장이 개량된 결과다. 코르셋으로 복부를 단단하게 조여야 했던 당시의 여성들은 배로 숨을 쉬어야 하는 관악기를 연주하기 어려웠다. 오래 서 있어야 하는 바이올린도 불편하기는 마찬가지였고, 자연스럽게 앉아서 연주하는 건반악기가 여성들이 선호하는 악기가 됐다. 사교 무대에서 건반악기 연주 실력을 자랑하고 싶은 귀족의 영애들을 위한 합시코드 작품이 많이 작곡되었고, 젊은 여성이 연주할 때 남자 귀족이 합시코드 곡의 오른손 선율을 바이올린으로 느긋하게 따라 연주해 주는 것이 연주회의 아름다운 관행이었다. 이때 바이올린을 연주하는 남자 귀족은 여성의 아버지일 수도 있고, 사교 모임의 호스트인 백작일 수도 있고, 여성에게 잘 보이고 싶은 젊은 남자 귀족일 수도 있었다. 이런 환경에서 합시코드 연주를 돋보이게 하는 역할을 해야 하는 바이올린이 건반악기와 동등하게 취급되지 않는 것은 당연한 일이었다. 음악은 귀족들의 상류사회에서 언어와 같은 일상의 일부분이 되었고, 이 사회에 진입하려고 애쓰는 성공한 사업가, 법률가, 은행가들에게도 필수적인 교양이 되었다.

바흐의 방과 리스트의 무대:
신 앞에 선 단독자의 공간

1618년 시작한 종교전쟁은 30년 후 1648년에 끝났다. 유럽에서 벌어진 최초의 세계대전이었고 지금의 독일 지역이 주요 전쟁터였다. 요한 제바스찬 바흐는 이곳에서 1685년에 태어났다. 이 시기에 프랑스에서는 루이 14세의 베르사유 궁정에서 륄리Jean-Baptiste Lully 1632~1687와 쿠프랭François Couperin 1668~1733, 라모Jean-Philippe Rameau 1683~1764가 우아하고 세련된 궁정 오페라와 기악 모음곡들을 작곡하고 있었고, 이탈리아에선 코렐리와 알비노니Tomaso Albinoni 1671~1751, 비발디가 트리오 소나타와 협주곡의 전성기를 열었다. 할레에서 태어난 헨델George Frideric Handel 1685~1759은 함부르크와 로마, 피렌체, 베네치아를 거쳐 영국으로 가서 산업혁명이 태동하고 있던 국가의 영웅이 되었고, 암스테르담은 이들의 작품을 인쇄해서 유럽 전역에 유통했다. 운이 없게도 전쟁의 폐허 가운데에서 태어난 바흐는 어렵게 입수한 악보들을 필사하고 편곡했다. 대부분의 독일 지역의 성당이 성가대도 없이 오르간만 갖추고 있는 경우가 많았다. 바흐는 알비노니와 비발디의 협주곡을 오르간 한 대로 연주할 수 있도록 편곡했다. 그러나 결국엔 바흐가 편곡한 이 작품들 덕분에 알비노니와 비발디는 잊히지 않고 재발견될 수 있었다.

바로크 시대엔 지역마다 음악을 연주하는 환경이 천차만별이었다. 그래서 악보를 아무리 충실히 적어도 많은 부분이 연주 환경에 맞춰 수정되었고, 작곡가들은 애초에 그런 환경을 예상하면서 작곡하고 악보를 적었다. 연주 환경에 따라 즉흥적으로 연주되거나 수정될 것이 예상되는 상당 부분이 악보에서 생략되고 간략하게 표기되었다. 지역마다 표기하는 방법이 다른 장식음들은 아예 표시되지 않았다. 특히 저음 악기나 건반 악기가 연주하는 부분은 해당 부분의 화성을 숫자로 표기하는 것으로 그쳤다. 악기도 정확히 지정되지 않아서 비올라를 오보가 대신하고, 첼로를 바순이 대신 연주하는 것은 늘상 일어나는 일이었다. 바흐는 이렇게 생략되던 음표들을 모두 악보에 적기 시작한 최초의 작곡가였다. 이런 의미에서 바흐가 진정한 의미의 기보법을 완성했다고 말해도 무리가 없다.

바흐는 평균율을 완성하고 가장 높은 수준의 대위법을 구사했던 작곡가다. 평균율 The Well-Tempered Clavier은 어떤 조성을 사용하더라도 연주가 가능하도록 설계된 조율 체계다. 피타고라스가 정리한 음정 간의 수학적 비율에 기초한 순정률은 조를 옮기면 균형이 무너지는 단점이 있었다. 현의 길이를 반으로 줄이면 음정이 한 옥타브 올라가고, 현을 길이를 3분의 2로 줄이면 5도가 올라간다. 현의 길이를 3분의 2씩 계속 줄여가다 보면 원래 음보다 몇 옥타브 높은 음정을 만나게 되는데, 이 옥타브 음정이 현의 길이를 절반씩 줄여 나가면서 얻게 되는 옥타브 음정과 일치하지 않는다. 2분의 1의 n 제곱과 3분의 2의 m 제곱이 같아야 하는데, 이를 만족하는 자연수 n과 m의 값이 구해지지 않는다. 이 차이를 피타고라스 콤마Pythagorean Comma라고 부르는데, 이 문제 때문에 한 작품을 연주하는 도중에 조성을 바꾸는 게 쉽지 않았다. 순정률에 맞춰 전조를 여러 번 하면 결국 음정이 어긋나는 것이다. 이 문제가 해결되지 않으면 악장마다 다른 조성을 가진 소나타와 교향곡의 시대를 맞이할 수 없었다.

바흐의 <평균율 클라비어 곡집>은 이 문제를 해결한 작품이다. 모든 인간이 신 앞에서 평등하듯이, 바흐의 평균율로 인해 이제 모든 조성이 평등해졌다. 공간을 채우기 위해 발전한 다성 음악의 최종 완성 형태라고 할 수 있는 것이 대위법이다. 원근법이 2차원의 회화에서 3차원 공간을 구성하는 방법인 것처럼, 대위법은 음악에서 4차원 시공간을 건축하는 방법이다. 공간을 채우는 수준을 넘어서 음으로 공간을 건축하기 위해선, 우선 공간을 쌓을 재료들을 균일하게 표준화할 필요가 있었다. 바흐는 대위법으로 수학적인 음악공간을 건축하려고 했고 평균율로 건축 재료들을 단단하게 표준화했다. 음표들로 공간을 건축하려고 했던 바흐는 악보에 빈 공간을 허용할 수 없었다. 바흐는 으레껏 생략되던 장식음조차 하나하나 꼼꼼히 악보에 적어 넣었다.

종교전쟁으로 폐허가 된 땅에서 바흐는 항상 분주했다. 독신으로 살았던 동시대의 비발디나 헨델과 달리 바흐는 두 번의 결혼에서 20명이나 되는 자녀를 얻었다. 비록 그중 여러 명이 성인이 되지 못하고 사망했지만 바흐는 대가족을 이끌고 여러 도시를 옮겨 다니면서도 자녀 교육에 열심이었다. 교회와 도시를 위해 부활절과 성탄절에 연주할 대규모 칸타타

Cantata를 작곡해야 했고 성가대의 어린아이들에게 문법과 악보 읽는 법도 가르쳐야 했지만, 틈을 내어 아내와 아이들을 교육하기 위한 연습곡들을 작곡했다. 이 연습곡들은 남들 앞에서 연주하기 위한 곡이 아니었다. 바흐의 대표작이 된 <무반주 첼로 모음곡>도 그런 연습곡이었던 것 같다. 쾨텐 궁정의 유능한 첼로 연주자를 위해 작곡되었을 것이라는 추측도 있지만, 바흐 당시에 이런 곡을 듣고 이해할 사람이 많지 않았고 첼로라는 악기도 아직 흔히 쓰이는 악기가 아니었다. 아마도 자녀를 위한 연습곡이었을 것이다. 프랑스 궁정에서 발전한 춤곡들로 이뤄진 바흐의 기악 모음곡들이 대부분 다 그렇다.

연습곡이란 거듭되고 반복되는 훈련을 통해서 완벽에 이르기 위해 만들어진 곡이다. 바흐 이전에도 기교를 습득하기 위한 목적으로 작곡된 것으로 보이는 작품들이 있었으나, 장식음까지 꼼꼼하게 표기한 연습용 악보는 바흐가 처음 만들었다. 베토벤의 제자였던 체르니 Carl Czerny 1791~1857가 방대한 양의 연습 교본을 출판했지만 이 곡들은 연주회에서 연주되지는 않는다. 피아노 리사이틀에서 연주되는 본격적인 연습곡은 쇼팽 Frédéric Chopin 1810~1849의 <에튀드 Étude>와 리스트 Liszt Ferenc 1811~1886의 <초절 기교 연습곡 Études d'exécution transcendante>에서 비롯된다. 리스트의 연습곡은 무대와 청중의 자리가 구분된 공간에서 연주된 최초의 작품들 중 하나다. 베토벤의 작품들도 공식 무대가 아닌 귀족의 저택에서 초연되고 연주됐다. 리스트가 분리된 무대에서 연주한 최초의 피아니스트인데 피아노 독주회를 리사이틀이라고 부르기 시작한 것도 리스트다. 리사이틀은 '낭송하다'라는 뜻의 recite에서 나온 말이다. 리스트는 자신의 무대를 자신의 내면을 보여주는 공간이라고 생각했다. 이전의 피아노 연주자들은 귀족의 살롱에서 열린 사교모임에서 귀족들에 둘러싸인 채 연주해야 했고 베토벤마저도 예외는 아니었다.

바흐는 바쁜 일과를 끝낸 저녁 무렵 이후에 자신의 방에서 홀로 합시코드 앞에 앉아 남들 앞에선 연주되지 않을, 자녀들을 위한 연습곡을 작곡했을 것이다. 남들 앞에서 연주하기 위한 곡이 아니었고 스스로를 위해 작곡한 작품이었다. 이 연습곡들은 종교 전쟁으로 신앙의 자유를 얻은 개신교의 땅에서 신 앞에서 홀로 선 단독자였던 바흐에게만 허락된 음악이었고, 비발디와 헨델에겐 허락되지 않은 음악이었다. 이후로 바흐를 연주하는 음악가들은 바흐가 남긴 악보를 통해 바흐가 건축한 새로운 시공간을 만날 수 있게 되었다. 이 악보들은 건축의 설계도와 같아서 바흐의 <골트베르크 변주곡 Goldberg Variations>을 녹음하던 글렌 굴드 Glenn Gould 1932~1982는 악보의 소절들을 수없이 반복해서 녹음했고, 그중 가장 잘 녹음된 릴 테이프 조각들을 마치 벽돌처럼 쌓아 올려서 바흐 음반 중에서 최고의 히트 상품을 만들어 냈다.

청중과 분리된 무대에 선 리스트도 자신의 내면에 집중했다. 남을 즐겁게 하기 위한 연주가 아니라, 스스로 완성에 이르기 위해 작곡한 곡을 연주하는 무대였다. 귀족들에게 둘러싸인 살롱 같은 공간에서는 상상할 수 없는 일이다. 오늘날 콩쿠르에서 리스트의 <초절 기교 연습곡>을 연주하는 젊은 천재들은 리스트가 악보에 적어놓은 음표들을 해석해서 자기만의 세계를 건축해야 한다. 청중과 분리된 무대가 주어지고 지켜보는 사람들은 모두 숨죽이고 있다. 바흐의 방에서 리스트의 무대로 이어지는 음악의 공간이 있다. 일상과 분리돼서 오로지 나 자신에 집중함으로써 만들어지는 공간이다. 다성 음악의 정점에서 대위법으로 자신만의 음악 공간을 건축해 낸 바흐로부터 오늘날 무대에서 연주하는 모든 연주자들이 물려받은 공간인데 음악으로 자신만의 세계를 건축하려는 연주자들이 반드시 혼자 마주해야만 하는 공간이다. 이 세계로 가는 길엔 이정표가 없고 오로지 악보 하나만 덩그러니 놓여있다.

소리 없는 세상을 통해
초월적 세계로 들어선 베토벤

이 세계로 가는 길에 가장 뚜렷한 발자취를 남긴 사람이 베토벤이다. 1770년 본Bonn에서 태어난 베토벤은 모차르트가 사망한 다음 해인 1792년에 비엔나에 도착했다. 베토벤은 오랫동안 자신이 1772년생인 것으로 오해하고 살았다. 아들을 모차르트 같은 신동으로 키우고 싶었던 베토벤의 아버지가 아들의 태어난 해를 조작한 결과였다. 베토벤의 자의식 속에서 베토벤은 스무 살이 되던 해에 비엔나에 도착했다. 비엔나는 모차르트의 허망한 죽음을 애도하며, 도시가 잃어버린 천재성의 가치를 뒤늦게 깨닫고 있었다. 그 해에 프란츠 2세 Franz II 1768~1835가 신성로마제국의 황제로 즉위했으나 제국은 이미 쇠퇴하고 있었다. 1789년에 일어난 프랑스 혁명 이후 공화정을 선포한 프랑스는 1792년에 오스트리아에게 선전포고를 했다. 하이든Joseph Haydn 1732~1809이 에스테르하지 궁정Esterházy Court에서 해방되어 산업혁명이 한창 일어나고 있는 영국을 오가며 최고의 전성기를 맞고 있을 때였다. 나폴레옹 Napoléon Bonaparte 1769~1821에게 공감하고 있던 젊은 베토벤은 이웃 나라의 혁명에 위협을 느끼며 보수화되고 있는 제국의 수도에서 모차르트의 자리를 이어갈 음악계의 신성이자 사교계의 스타로 환영받았다. 고트프리트 판 슈비텐 남작을 비롯해서 프란츠 2세의 아들인 루돌프 대공Archduke Rudolf 1788~1831, 리히노프스키 공작Karl Alois Lichnowsky 1761~1814 같은 귀족들이 베토벤을 후원했다.

당대 최고의 피아노 연주자이기도 했던 베토벤은 화려하고 깊이 있는 연주로 단숨에 사교계를 장악했다. 모차르트와 하이든의 영향을 받았지만 자신만의 개성이 확연히 드러나는 피아노 트리오와 소나타, 협주곡을 작곡해서 직접 연주했다. 그가 작곡한 소나타에선 바이올린과 비올라, 첼로가 피아노와 동등한 위치에서 독립적인 소리를 냈다. 하이든과 모차르트가 시작하고 발전시켰지만 이후로는 베토벤의 이름으로 기억될 장르인 현악사중주와 교향곡을 발표했고, 베토벤의 칠중주는 비엔나 사교계에서 가장 인기 있는 곡이었다. 승승장구하던 20대의 천재 연주자이자 작곡자는 자신의 귀에 문제가 있다는 걸 깨닫고 1802년에 돌연 '하일리겐슈타트의 유서Heiligenstädter Testament'를 쓴다. "내 옆에서 누군가 멀리서 플루트 소리를 들었는데 나는 아무것도 듣지 못했거나, 누군가가 목동의 노래를 들었는데도 나는 아무것도 듣지 못했을 때의 굴욕. 이런 사건들이 나를 절망 직전까지 몰고 갔고, 조금만 더 갔더라면 나는 내 삶을 끝내고 싶었을 것이다. 오직 예술 만이 나를 막았을 뿐."

스스로 청력을 잃어가고 있다는 것을 인정한 후, 이듬해인 1803년부터 베토벤의 걸작들이 쏟아졌다. 위대한 3번 교향곡 <에로이카Symphony No. 3 "Eroica">와 5번 <운명Symphony No. 5 "Schicksals-Symphonie">, 바이올린 협주곡과 피아노 협주곡들, 피아노와 첼로, 바이올린 소나타들, 그리고 현악사중주들과 피아노 트리오 <대공Archduke>. 이런 베토벤의 작품들은 각각의 장르에서 최고의 수준에 이르렀고, 바흐 이래로 악보로 세계를 건축하게 된 서양음악에서 오페라를 제외한 각 건축양식들을 완성한 작품들이었다. 그리고 말년에 이르러 청력을 완전히 상실한 베토벤은 완성을 넘어서 창조의 영역에 다다른 놀라운 작품들을 악보 위에 그려냈다. 바흐에서 비롯된 형식들이 그의 아들들과 하이든, 모차르트를 거치면서 소나타와 현악사중주, 협주곡, 교향곡 같은 고전형식으로 성장해 베토벤에 이르렀다. 소리 없는 세상에 다다르는 과정에서 이 모든 형식들을 완성해버린 베토벤은 형식을 초월하는 작품들을 선보이기 시작했다. 바흐가 평균율을 통해서 모든 조성을 동등하게 다루었듯이, 베토벤은 피아노를 연주하는 왼손과 오른손, 현악기와 피아노, 성악과 기악을 동등하게 다루었다. <장엄미사Missa Solemnis in D major, Op. 123>와 9번 교향곡 <합창Symphony No. 9 in D minor, Op. 125 "Choral">, 세 개의 후기 소나타The Late Piano Sonatas와 5개의 후기 현악사중주The Late String Quartets가 이때에 만들어진 작품들이다. 소리가 사라진 침묵의 세계에서 베토벤이 길어 올린 기념비적인 작품들이었다.

<장엄미사>는 베토벤이 음으로 쌓아 올린 대성당이었다. 이 작품에서 베토벤은 성악과 기악을 동등하게 다룬다. 내기 힘든 고음들이 호흡의 한계를 넘어서 이어졌다. 고음을 내기 어려웠던 연주자들이 악보를 수정해 주길 바랐으나, 성악가들의 고충 따위는 베토벤의 관심사가 될 수 없었다. <장엄미사>를 시작하는 첫 가사인 '키리에'의 '키'와 '리'에서는 가장 강력한 소리를 내도록 주문하면서 바로 이어지는 '에'는 갑자기 가장 작은 소리를 내도록 표시해 놓았다. 소프라노와 바이올린은 모두 대성당을 쌓아 올리는 재료일 뿐이었다. 덕분에 중세 이래로 발전해 온 서양 교

회음악 전통의 모든 진수들이 베토벤의 대성당 안에선 차별 없이 숨 쉴 수 있게 되었다. 역설적이게도 소리를 듣지 못하는 음악가의 펜 끝에서 중세 이래로 소리로 이루어 낸 인류의 가장 오랜 전통이 완성되었다. 중세 시대 대성당은 인간을 신의 세계로 이어주는 미디어였다. 베토벤에 이르러 악보가 대성당을 품고 신의 세계로 이어지는 길을 열게 되었다.

베토벤은 3악장으로 이루어지는 소나타 형식의 전통도 무너뜨렸다. 작품 번호 111을 달고 있는 베토벤의 마지막 소나타에는 3악장이 없다. 베토벤의 마지막 소나타 악장에는 마치 도가의 지혜처럼 들리는 'ADAGIO MOLTO SEMPLICE E CANTABILE 느리고 매우 단순하게 그리고 노래하듯이'라는 악상 기호가 표시되어 있다. 베토벤의 마지막 소나타 악장은 우주를 유영하는 여행자의 감탄사들로 빼곡히 채워져 있다. 우주를 수놓은 별들 사이로 느리게 움직이던 베토벤은 갑자기 춤을 추기 시작한다. 그리고 같은 음형들이 반복되면서 우주 속에서 한 중심이 뭉쳐지기 시작하고 장식음들이 이어지며 별이 태어난다. 신이 말씀으로 세계를 창조하듯이 베토벤은 노래를 불러 별을 만든다. 이것으로 한 세계가 태어나 완성되었고 이어지는 3악장은 더 이상 필요하지 않았다.

1822년에 마지막 피아노 소나타 악보를 완성한 베토벤은 이듬해에 <장엄미사>를 썼고, 1824년에 <9번 교향곡>을 작곡했다. 그리고 1825년부터 죽을 때까지 현악사중주에 집중했다. 소리가 사라진 세계를 살아가는 작곡가에게 악기 간의 음색 차이와 호흡의 제약 따위는 더 이상 의미를 갖지 못했다. 마치 마이크와 스피커가 발명되면서 공간에서 울리는 공기의 미묘한 변화들이 모두 전압의 변화로 추상화되어 기록되고 재생되듯이, 베토벤의 세계에서 음악은 네 개의 현악기를 매개로 모든 소리가 추상화되었다. 소리가 전압의 변화로 기록되면서 녹음 기술과 방송 기술이 발전했고 결국 음악이 공간의 굴레를 초월하게 된 것처럼, 네 개의 악기로만 표현되는 베토벤의 음악은 인간이 살아 숨 쉬는 현실 세계를 초월해서 아직 이 세상에 없는 세계, 인간의 내면에서 발견해 내야 하는 세계로 가는 길을 열었다.

바흐의 방과 리스트의 무대가 작곡가와 연주자를 일상 세계에서 분리하듯이, 청각을 잃은 베토벤의 삶은 소리로 이루어진 세상에서 분리되었다. 미디어는 고립시켜 나누고 분리하거나, 분리된 것들을 다시 연결하면서 힘을 얻는다. 분리된 것이 다시 연결될 때마다 미디어는 강력해지고 미디어로 연결된 세계는 이전과 다른 모습으로 변모했다. 수도원과 성당은 타락해서 낙원에서 쫓겨난 인간을 다시 신의 세계와 연결하며 중세를 지배했다. 절대적이었던 교황의 권위가 나뉘던 12세기에 거대해진 고딕 성당은 교회 안에서 허용되던 하나의 소리를 여러 소리로 나눴다. 원근법이 평면이었던 그림을 거리에 따라 여러 공간으로 나눈 결과 깊이를 가진 회화가 탄생한 것처럼, 다성 음악에서 태어난 대위법은 분리된 여러 소리들을 효율적으로 배치해 시공간을 건축하는 도구가 되었다. 바흐는 종교전쟁으로 폐허가 된 독일 지역에서, 남을 위해 연주하기 위한 음악이 아니라 자기 자신의 완성을 목표로 하는 기악 연습곡을 만들며 스스로를 고립시켜 신 앞에 선 단독자가 되었다. 리스트는 청중과 무대를 분리해서 자신의 내면세계를 펼쳐 보일 공간을 확보했고, 베토벤은 청력을 상실하면서 세계와 아예 단절됐다. 가장 끔찍한 분리가 가장 위대한 음악 세계로 가는 길을 연다. 베토벤은 지상의 세계를 초월한 우주적인 세계로 가는 길을 열었고, 인류는 그가 남긴 음악을 통해 이전에는 존재하지 않던 세계를 만날 수 있었다. 이제 음악은 인간을 초월적인 세계로 연결하는 미디어가 되었다. 분리된 것이 미디어를 통해 연결되면 세계는 변모하는데, 역설적이게도 인류는 고독 속에서 세계와 단절되고 결국 초월적인 세계로 건너가버린 베토벤의 음악에서 가장 강한 인류애를 느끼게 되었다.

바그너의 바이로이트 극장

베토벤이 <9번 교향곡>을 발표한 이후, 많은 작곡가들은 더 이상 기존의 교향곡 형식을 따르지 않고 새로운 길을 모색했다. 리스트는 교향시를 창안했고, 바그너^{Richard Wagner 1813~1883}는 극음악에 매진했다. 1813년 라이프치히에서 태어난 바그너는 1828년 라이프치히 게반트하우스에서 베토벤의 <7번>과 <9번 교향곡>을 처음 접했다. 이때부터 피아노 소나타를 작곡하기 시작한 그는 1831년에 <Bb장조 소나타^{Op.1}>를 출판했고, 이듬해 베토벤풍의 <C장조 교향곡>을 완성했다. 1834년에는 미완성 <E장조 교향곡>을 시도했고, 1846년 드레스덴에서 <베토벤 교향곡 9번>을 연주한 뒤에도 교향곡 작곡을 여러 차례 시도했지만 끝내 완성하지 못했다. 1848년 유럽 혁명이 발발하자, 바그너는 교향곡을 포기하고 극음악 작곡에 인생을 걸었다.

바그너는 1870년에 쓴 <베토벤^{Beethoven}>이라는 에세이에서 "음악은 베토벤과 함께 정점에 도달했다"고 적었다. 베토벤이 <9번 교향곡>에서 가사를 도입함으로써 순수 기악의 한계를 넘어섰고 이후에도 가사 없이 심오하고 찬란한 작품을 썼지만, 바그너는 더 이상 '말' 없이는 새로운 세계를 창조할 수 없다고 느꼈다. 그는 베토벤 이후, 순수 기악만으로 세계를 건축하는 시도는 끝났다고 생각했다. 새로운 세계를 만들기 위해서는 음악을 다른 예술들과 결합해야 했다. 바그너는 음악과 시, 연극, 무대 미술을 결합한 총체적 예술Gesamtkunstwerk을 꿈꿨다. 베토벤이 현악사중주로 초월적 세계에 도달했다면, 바그너는 이 세계를 현실 안에 구현하고자 했다. 그 실험은 바이로이트 극장과 그 무대 위에서 펼쳐진 <니벨룽의 반지 The Ring Cycle>로 구체화되었다.

중세에는 말의 힘이 교회를 통해 세계를 하나로 묶었다. 시간이 흐르며 음악은 다성 음악을 통해 공간을 사용하기 시작했고, 르네상스에 이르러 입체적인 합창음악이 절정을 이루었다. 바로크 시대에는 성악을 대체할 수 있는 기악 장르가 발전했고, 바흐의 평균율은 다성 음악과 조성 체계를 기반으로 세계를 '건축'하는 수단이 되었다. 고전 시대에는 베토벤이 오페라를 제외한 모든 음악 장르에서 정점에 도달했다. 바그너는 오페라와 극음악에 인생을 걸며 음악에 다시 말의 힘을 불어넣었다. 보수적인 빈 체제를 주도하면서 독일 통일을 방해하고, 독일을 분리된 상태로 두기 위해 수단과 방법을 가리지 않았던 오스트리아의 메테르니히 Klemens Wenzel Lothar Metternich 1773~1859가 1848년 유럽 혁명으로 실각했다. 분리된 독일을 통일시켜야 했다. 음으로 초월적인 세계를 건축하는 것보다, 현실에서 민족을 통일하고 국가를 건설하는 것이 바그너에게 더 절실한 과업이었다. 이때 음악에 다시 '말의 힘'이 필요해졌다.

바그너는 현실을 바꾸기 위해 기존 오페라 형식을 해체한 후 다시 연결했다. 그는 음악과 시, 연극과 무대미술을 하나로 연결한 음악 드라마를 창조했고, 이를 실현하기 위해 바이로이트 극장을 설계했다. 독일어의 모음체계로는 이탈리아 오페라의 레치타티보처럼 아름다운 대화를 만들어낼 수 없다고 판단한 그는 아리아와 레치타티보의 경계를 지우고, 극 전체를 끊임없이 이어지는 '무한 선율-unendliche Melodie'로 구성했다. 그가 설계한 바이로이트 극장은 그 자체로 혁명이었다. 발코니와 박스석을 없애고, 무대에서 출입구로 이어지는 경사를 따라 부채꼴로 펼쳐진 객석은 중간 통로 없이 하나의 평면으로 통합되었다. 오케스트라는 무대와 객석 사이에 공간을 파서 묻었고, 극이 시작되면 객석은 어둠 속에 잠기고 무대만 환하게 드러났다. 관객은 무대를 떠받치는 구조를 보지 못한 채, 오케스트라 피트 orchestra pit 너머 무대 위의 세계와 음악에 몰입하게 되었다. 오케스트라 피트가 이때 처음 등장했다. 숨겨진 오케스트라 피트를 경계로 무대와 청중은 물리적으로 분리되었고, 어둠 속에서 솟아나는 음악이 분리된 두 공간을 연결했다. 보이지 않는 곳에서 태어나는 음악에 의해서, 무대 위에서 펼쳐지는 신들의 세계는 객석의 현실과 연결됐다. 바그너의 드라마에서 음악은 분리된 두 세계를 연결하는 미디어가 되었다.

많은 사람을 더 큰 세계와 연결하기 위해서 미디어는 먼저 분리하고, 다시 연결한다. 이 과정에서 다양성은 줄어들고 표준화가 진행되지만, 연결된 세계는 더 크고 더 역동적으로 변모한다. 그레고리오 성가를 표기하는 문자가 말의 억양을 제거하고, 바흐의 평균율이 조성 간의 차이를 지운 것처럼, 바그너의 바이로이트 극장에선 레치타티보와 아리아의 경계가 사라지고, 발코니와 박스석이 사라졌다. 좌석들 사이의 통로도 사라지고 오케스트라는 시야에서 사라졌다. 전시회에서 벽과 바닥의 구분이 사라지면 벽에 걸린 작품들은 중력을 잃고 떠다닌다. 벽에서 천장으로 그림과 조각으로 이어진 고딕 성당처럼, 발코니가 없는 바그너의 극장에선 벽과 천장이 이어졌다. 구분이 사라진 벽과 천장은 하나의 돔으로 묶여 신들이 사는 세계의 지붕이 되었고, 무대와 객석 사이에서 솟아오르는 음악은 한 평면이 된 관객석을 마법의 양탄자에 태워 신들의 세계로 들어 올렸다. 그리고 높이 도약했다가 반음계를 타고 하강하는 오케스트라의 선율과 함께 신들의 세계는 현실로 강림했다. 해체되었다 다시 연결된 바그너의 드라마는 이전에 없던 역동성으로 사람들을 매혹했다.

바그너의 <니벨룽의 반지>는 신과 인간의 세계를 관통하는 대서사시다. <라인의 황금 The Rhinegold>, <발퀴레 The Valkyrie>, <지크프리트 Siegfried>, <신들의 황혼 Twilight of the Gods>으로 이어지는 이 4부작에선 경계가 지워진 아리아와 레치타티보가 끝없이 이어지면서, '무한 선율'을 이루어 서사를 이끈다. 온음과 반음의 경계도 옅어져 이후 무조음악과 12음계의 기원이 되었다. 분리된 세계를 더 친밀하게 연결하기 위해 반음계로 진행되는 오케스트라는 마치 0과 1로 표현된 이미지가 손끝에서 쉽게 확대되듯이 세계를 촘촘하게 엮어서 단숨에 확대한다. 바그너를 좋아하지 않는 많은 음악가들이 바그너의 작품에 음이 너무 적다고 불평하지만, 바그너는 바흐나 베토벤처럼 음으로 세계를 건축하는 작곡가가 아니다. 고딕 성당에선 함께 울리는 작은 소리들이 공간을 크게 울리기에 충분하듯이, 분리된 세계를 이어주는 도구인 음악에 많은 음이 필요하지 않을 뿐이다. 바흐나 베토벤이 음으로 세계를 짓는 작곡가라면, 바그너는 음으로 세계를 잇는 작곡가였다. 말의 힘을 쓰는 시인이기도 했던 바그너는 말의 힘을 음악에 집중시켰다. 그 결과 음악의 힘을 말에 썼던 중세에 권력자들의 공간에 사람들이 모여들었듯이, 바그너의 극음악을 보기 위해 황제와 왕들이 바이로이트로 모여들었다.

바이로이트 극장에서 신과 인간의 세계를 잇던 바그너의 음악은, 20세기에 들어 또 다른 방식으로 세계를 연결했다. 두 차례의 세계대전은 유럽을 파괴했고, 수많은 예술가와 지식인들이 목숨을 부지하기 위해 미국으로 망명했다. 특히 독일과 오스트리아 출신의 작곡가들은 나치즘을 피해 헐리우드로 건너갔다. 그들 중 다수는 바그너의 음악 언어를 배운 이들이었다. 막스 슈타이너 Max Steiner 1888~1971, 에리히 볼프강 코른골트 Erich Wolfgang Korngold 1897~1957, 프란츠 왁스만 Franz Waxman 1906~1967 같은 작곡가들은 바그너가 만들어낸 무한 선율과 라이트모티브 Leitmotiv 기법을 영화음악에 이식했다. 영화는 필름 위에 따로따로 존재하는 조각난 시간과 공간을 이어 붙여 하나의 이야기를 만드는 예술이다. 끊어진 시공간을 감정의 흐름으로 이어주기 위해 음악은 필수적이었다. 바그너가 무대와 관객을 보이지 않는 오케스트라 피트에서 솟아오르는 음악으로 연결했듯이, 영화음악은 관객이 분절된 장면들 사이에서 이탈하지 않도록 보이지 않는 다리 역할을 했다.

1939년, 막스 슈타이너는 영화 <바람과 함께 사라지다 Gone with the Wind 1939>의 음악을 작곡했다. 이 영화의 주제가인 <타라의 테마 Tara's Theme>는 남북 전쟁의 소용돌이 속에서도 주인공 스칼렛 오하라가 갖고 있는 고향에 대한 감정을 일관되게 이어주는 라이트모티브로 기능했다. 스칼렛이 절망하는 순간과 다시 일어나는 순간에 변형되어 나타나는 같은 선율 덕분에 관객은 조각난 이야기 속에서도 하나의 감정선을 따라갈 수 있다. 같은 해, 코른골트는 <로빈 후드의 모험 The Adventures of Robin Hood 1938>의 음악을 맡았다. 이 영화에서 코른골트는 바그너처럼 오케스트라를 장대하게 사용해서 영국의 전설을 감정적으로 부풀리고 현실보다 더 웅장하게 만들어냈다. 특히 영웅 로빈 후드를 상징하는 주제 선율은, 무대 위의 신들을 인간 세계로 불러내던 바그너의 오페라처럼 현실 속 인물을 신화적인 존재로 변모시켰다. 영화 <카사블랑카 Casablanca 1942>에서도 음악은 분리된 세계를 연결하는 역할을 한다. 막스 슈타이너는 *As Time Goes By* 애즈 타임 고즈 바이라는 단순한 주제곡을 변주하고 확장하면서, 잃어버린 사랑과 전쟁의 운명이 교차하는 조각난 장면들을 하나의 정서적 서사로 엮었다. 영화의 마지막 장면, 릭이 일사와 헤어지는 공항 장면에서 주제 선율이 서서히 고조되며 관객을 감정의 절정으로 이끈다. 조각난 세계에서 다시 사랑을 포기해야 하는 인간의 숙명을, 음악이 조용히 감싸안는다.

세계가 전쟁으로 분리되고 흩어졌을 때, 영화와 음악은 새로운 미디어가 되어 조각난 세계를 다시 이어주었다. 바그너가 꿈꿨던 음악과 드라마, 신화와 현실의 통합은, 헐리우드 영화라는 새로운 무대에서 다시 살아났다. 이제 음악은 공간을 확장하고 초월하는 것뿐 아니라, 나뉘고 조각난 현실을 감정적으로 꿰매고 연결해서 파편화된 세계를 상상력으로 복원하는 기술이 되었다. 바그너가 바이로이트 극장에서 오페라를 해체해서 새로 설계한 극음악은 인류 역사상 가장 강력한 판타지를 만들어내는 미디어를 탄생시켰다.

CHAPTER III

녹음과 방송: 공간의 연결과 초월
RECORDING AND BROADCASTING:
CONNECTION OF SPACE AND TRANSCENDENCE

음악을 복제하다

음악이란 본래 생겨나자마자 사라지는 것이다. 우리 삶의 모든 순간이 그렇듯, 한번 피어난 음은 돌이킬 수 없다. 소리를 기록하고 재생할 수 있게 되기 전까지는 음악을 듣기 위해선 음악이 연주되는 장소에 있어야 했다. 아름다운 음악이 연주되자마자 사라지는 것이 안타까워서 악보를 만들어 음을 기록했지만 뛰어난 연주의 감동은 쉽사리 재현되지 않았다. 그래서 좋은 연주자들의 음악을 여럿이 함께 듣기 위해 커다란 콘서트홀이 지어지고 많은 사람이 모여들었다. 귀족 중심의 사회질서가 무너지고 도시를 기반으로 하는 신흥 부르주아들이 사회의 주류세력으로 등장하면서, 1842년에 빈 필하모니 오케스트라와 뉴욕 필하모닉이 창설되었다. 저택이나 왕실 소유의 공연장에서 귀족의 후원으로 연주되던 클래식 음악을 티켓을 구매한 관객을 위해 연주하는 오케스트라들이 생긴 것이다. 1848년엔 유럽 전역에서 연이어 일어난 혁명들에 의해서 나폴레옹 이후 유럽을 유지하던 보수적인 메테르니히 Klemens von Metternich 1773~1859 체제가 붕괴됐다. 1875년 파리에 오페라 하우스가 세워졌다. 우아하고 귀족적인 고전 교향곡 대신에, 거대한 콘서트홀에 모인 수천 명의 청중을 감동시키는 대규모의 낭만 교향곡이 연주되었고, 왕이나 영웅이 아닌 스페인의 투우사가 등장하는 오페라가 무대에 올려졌다. 이즈음 바그너와 결별한 니체$^{Friedrich\ Nietzsche\ 1844~1900}$는 이 오페라에 열광했다.

브람스가 <2번 교향곡>을 발표하던 1877년에 토머스 에디슨$^{Thomas\ Alva\ Edison\ 1847~1931}$이 축음기^{phonograph}를 발명하고, 브람스의 이중협주곡이 처음 연주되던 1887년엔 에밀 베를리너$^{Emile\ Berliner\ 1851~1929}$가 그라모폰^{gramophone}을 발명했다. 초기의 그라모폰은 커다란 나팔 모양의 혼^{horn}으로 소리를 수집해 진동판^{diaphragm}으로 전달하면 진동판에 연결된 바늘이 소리의 진폭과 주파수를 원반디스크의 표면에 새기는 구조였다. 진폭과 주파수에 따라 홈의 깊이와 폭이 달랐고, 홈을 바늘로 읽을 때 형성되는 진동이 진동판에 전달되면 소리가 재생되는 기계 장치였다. 이렇게 완성된 디스크를 금속판으로 만들어 마스터 디스크를 제작했고, 나무 진액과 곤충 분비물로 만든 천연수지인 셸락^{shellac} 디스크에 찍어내는 방식으로 음악을 대량으로 복제할 수 있었다. 드디어 소리를 물리적 방식으로 디스크에 기록해 복제할 수 있게 되었으나 재생되는 소리의 음질은 열악했다.

기록되고 재생되는 소리의 질을 높이기 위해선 소리를 다루는 방식을 바꿔야 했다. 소리는 공기의 움직임으로 전달된다. 크고 강력한 소리는 대기에 강한 압력을 주어서 크고 촘촘한 파동을 만들어낸다. 음악은 사람의 목소리와 악기가 만들어내는 공기의 파동이고 결국 기압의 변화였다. 그런데 기압의 변화는 기록하기도 어렵지만 통제하고 다루기는 더 어렵다. 기압의 변화인 소리의 파동을 전압으로 바꿔 기록할 수 있게 되자 소리는 인간이 다룰 수 있는 것이 됐다. 1831년 패러데이$^{Michael\ Faraday\ 1791~1867}$가 전자기 유도 법칙을 발견한 후 전화기가 발명되면서 소리를 전기신호로 바꾸는 방법이 발전했고, 기록되거나 재생되는 소리의 음질이 비약적으로 개선됐다. 1920년대에, 공기의 진동이 진동판을 움직이면 진동판과 고정된 금속판 사이의 정전용량이 미세하게 변화하는 원리를 이용해서 음성을 전기신호로 바꿀 수 있는 콘덴서 마이크가 발명됐다. 진동판이 자기장 내의 코일을 움직여 전류를 생성하게 하는 다이내믹 마이크도 개발됐다. 1930년대가 되자 벨 연구소$^{Bell\ Labs}$와 슈어^{Schure} 같은 회사에서 이 기술을 사용한 상업용 마이크를 생산했다.

1935년엔 독일에서 마그네틱 테이프를 이용한 최초의 상업 녹음기가 개발됐다. 전기신호로 바뀐 공기의 파동을 자성 물질로 코팅된 테이프 위에 자기장으로 기록하는 시대가 열린 것이다. 소리의 크기와 음의 높이는 전압으로 변환돼 마그네틱 테이프에 기록되고, 이 테이프를 잘라내 이어 붙이는 단순한 편집을 통해 소리를 자르고 이어 붙일 수 있게 됐다. 이 기술은 방송국에서 음악을 녹음하거나 재생하기 위해 주로 사용됐으나, 2차 세계대전 중에는 군사 목적으로도 사용됐다. 대표적 예로 나치는 마그네틱 테이프에 기록된 히틀러$^{Adolf\ Hitler\ 1889~1945}$의 연설을 라디오를 통해서 반복적으로 방송했고, 마치 히틀러가 여러 지역에서 동시에 연설하는 것처럼 꾸며서 대중을 선전 선동하는 수단으로 활용했다.

방송으로 확장된
음악의 공간

서양음악은 음악이 연주되는 공간을 지배하는 자들에 의해 좌우돼 왔다. 녹음된 음악이 주파수에 실려 개인이 각자 소유한 수신기에서 흘러나오는 시대가 오자 음악을 지배하는 권력자가 바뀌었다. 음악을 녹음하는 시설과 기술을 보유하고, 녹음된 음악을 방송 네트워크를 통해 라디오 수신기에 전달하는 방송국이 음악에 가장 큰 영향을 미치게 된 것이다. 소리를 다루고 공간을 울리는 방식이 바뀐 결과였다. 전기신호로 바뀐 소리는 스피커를 통해 쉽게 증폭할 수 있어서, 음악을 연주하거나 감상하기 위해 소리가 잘 울리도록 디자인된 크고 비싼 공간이 반드시 필요하지는 않게 됐다. 또한 여럿이 모이는 공간보다는 오히려 연주하거나 듣는 음악이 남에게 들리지 않도록 음이 잘 차단되는 공간이 필요하게 됐다.

1923년 독일의 베를린 라디오 방송국이 세계 최초로 방송 교향악단을 설립했고, 1930년에는 영국의 BBC가 BBC 교향악단을 만들었다. 그리고 1937년엔 미국의 NBC가 유럽의 방송 교향악단을 모델로 미국 최초로 NBC 심포니 오케스트라를 설립하면서 당시 유럽 최고의 지휘자였던 토스카니니를 초빙했다. NBC 심포니는 NBC가 보유하고 있는 라디오 네트워크를 통해 매주 토요일 미국 전역에 클래식 음악 공연 실황을 전달했다. 동부의 뉴욕·보스턴·필라델피아와 워싱턴 DC, 그리고 시카고·디트로이트·세인트루이스·클리블랜드, 남부의 애틀랜타·뉴올리언즈·댈러스·마이애미, 서부의 LA·샌프란시스코·시애틀 같은 주요 대도시를 망라했다. 라디오 주파수에 실린 전기신호는 뉴욕 NBC 스튜디오의 음악 공간을 미국 전역에서 라디오를 듣는 개인들의 음악 감상 공간으로 확장했다. 인류가 처음 겪는 경험이었다. 이때부터 음악은 같은 시공간을 공유하는 사람들끼리 경험하는 예술에서 시공간의 한계를 넘어선 예술로 발전했다. 그리고 작사가와 작곡가, 연주자들은 방송사와 수익을 나누는 저작권자가 됐다. 인류가 소리를 듣기만 하는 수준을 넘어 소리를 잘 다룰 수 있게 되면서 생긴 변화였다.

복제 기술에 대응한
미술과 음악의 차이

2차 세계대전이 끝나자 전쟁으로 파괴된 콘서트홀들이 재건되고 콩쿠르들이 신설되면서 콘서트홀의 무대를 빛낼 새로운 연주자들이 발굴되었다. 하지만 전쟁 중에 발전한 라디오 기술과 음악 복제 기술로 인해 음악은 다른 예술 분야가 겪지 않았던 혁명적인 변화를 겪어야만 했다. 1820년대에 최초의 사진이 등장한 이후 1839년 본격적인 사진술이 발표되면서 사진이 대중화되자 회화는 저작권을 정교하게 발전시키면서 회화를 사진의 형태로 복제해서 유통하는 것을 규제했다. 그 결과 사물이나 풍경을 있는 그대로 그리는 사실주의 회화가 사라지고 모네^{Claude Monet 1840~1926}, 마네^{Édouard Manet 1832~1883}와 같은 인상주의 화가들이 등장하면서 오히려 회화의 세계는 더 풍성해질 수 있었다. 하지만 세계대전 중에 발전한 라디오와 음악 복제 기술은 음악가들에게 음악의 복제에 저항하고 규제를 만들어 전통적인 음악 산업을 보호할 기회를 주지 않았다. 아마도 2차 세계대전 아니었다면 음악의 복제와 디지털화는 더디게 진행되었을 것이고 클래식 음악은 좀 더 긴 시간 동안 콘서트홀을 중심으로 발전할 수 있었을 것이다.

1886년 스위스의 베른에 모인 10개의 유럽 주요 국가들은 작가와 음악가, 화가의 권리를 규정하고 보장하는 베른조약 Berne Convention 을 채택했다. 현대 저작권 체계의 근간이 된 최초의 다자간 국제 협약이었다. 이 조약으로 모든 저작물은 고정되는 순간부터 보호되기 시작했다. 저작권자의 권리는 원칙적으로는 자동적으로 발생하고 보호되는 것으로 규정되었지만, 고정된 순간이 기록되고 관리되지 않은 저작물들은 분쟁이 생겼을 때 보호받을 수 없었다. 세계대전 이전의 음악 녹음물들은 조악한 음질 때문에 보호의 대상에서 사실상 제외되었으나, 회화를 사진으로 복제하는 것은 다른 문제였다. 화가들은 긴장했고 18세기에 이미 확립된 소더비 Sotheby's 나 크리스티 Christie's 같은 미술 경매 시스템도 그림이 사진으로 복제되는 것에 반발했다. 경매에 등장하는 작품들은 진품이라는 신뢰를 바탕으로 이루어지는 미술 경매 시스템의 입장에선 그림의 사진이 유통돼서 진품과 복제품을 구분하는 경계가 희미해지는 것은 진품의 본질적인 가치를 떨어뜨리는 일이었다. 화가들은 그림을 완성한 후 완성한 날짜와 본인의 서명을 그림 위에 남겼고, 전시회에 출품된 작품들은 도록의 형태로 기록을 남겼기에 회화의 저작권은 전쟁 중에도 잘 보호되었다.

베른조약은 1928년에 개정되면서 방송에 관한 권리를 추가했다. '공연자, 음반 제작자 및 방송 기관의 보호를 위한 로마 협약'이란 긴 이름을 가진 이 조약은 음악을 연주한 사람과 음반 제작자, 방송사의 권리를 정하고 있다. 연주자와 음반 제작자의 동의 없이 연주가 복제되는 것이 금지

되었다. 음반이 방송에 사용되는 경우에는 방송사가 음반 제작자에게 정당한 사용료를 지불해야 했고 음반 제작자들은 이 보상을 연주자들에게 배분해야 했다. 그러나 연주자들은 자신의 연주가 언제 방송되었는지 알 방법이 없었고, 음반 제작자들이 방송사로부터 보상금을 효율적으로 수령해서 양심적으로 배분하기를 바라는 수밖에 없었다. 그러나 동서고금을 통틀어 돈이 효율적이고 양심적으로 배분된 적은 없다.

로마 협약은 1, 2차 세계대전의 사이에 체결된 조약인데 방송사에게 일방적으로 유리한 조약이었다. 라디오 방송 기술은 1차 세계대전 동안 군사기술로 개발되었고, 전쟁이 끝난 후 공영 라디오방송국들이 미국과 영국을 중심으로 국가 주도로 설립되었다. 국가 간에 맺어지는 국제 협약에서 국가의 이익이 우선적으로 고려되는 것은 당연했고, 음악을 만드는 사람들은 자신의 음악이 라디오에서 방송되는 것을 막을 수단을 잃었다. 회화에선 그림을 사진으로 복제하는 것조차 규제의 대상이었던 것과 비교하면 음악가들은 너무도 쉽게 자신의 권리를 포기해야만 했다. 2차 세계대전이 발발하자 연주할 수 있는 공간마저 찾을 수 없게 된 유럽의 음악가들에게 방송된 음악에 대한 보상금 배분은 먼 나라 이야기일 뿐이었다. 음악은 전쟁 중에 국민과 병사들을 위로하는 도구였고 공공의 이익을 위해 음악가들의 권리는 희생됐다.

방송과 함께 성장한 미국의 오케스트라들

짧은 역사를 가진 미국의 도시들이 세계적 오케스트라를 보유하기까지의 역사는 역동적이고 흥미롭다. 우리나라의 역사와 비교하면 조선 후기 고종 때부터 일제강점기와 6·25 전쟁을 거쳐 대한민국 이승만 대통령에 이르는 100년 정도의 기간에 일어난 일인데, 대한민국 국민이 이 역동적 근대사를 잘 모르는 것처럼 클래식 음악을 좋아하는 사람들도 미국 오케스트라가 발전한 역사에 대해 잘 모른다. 모차르트가 빈에서 활동하던 즈음에 미국이 독립하는데, 이후 100년이 더 흐른 뒤인 1883년에 뉴욕에 본격적인 오페라극장인 메트로폴리탄 오페라하우스 Metropolitan Opera House가 문을 열었다. 조선에 임오군란과 갑신정변이 일어나던 시기의 일이다. 이 시기 유럽은 바그너와 브람스의 독일 낭만주의 음악의 전성기였다. 대규모의 콘서트홀과 야외 공연장에서 브람스의 교향곡과 바그너의 오페라가 연주됐고, 100명이 넘는 연주자와 합창단원, 뛰어난 독창자들을 연일 동원하기 위해선 탄탄한 음악교육 시스템이 뒷받침돼야 했다.

당시 유럽에서도 이 정도 음악 인프라를 갖춘 도시는 통일된 독일과 오스트리아-헝가리 제국, 이탈리아, 프랑스 그리고 러시아제국의 수도를 포함한 몇몇 도시 정도에 불과했다.

미국은 독일과 이탈리아가 통일되고 두 개의 세계대전이 일어나는 과정에서 이들 나라에서 가장 뛰어난 음악가들을 영입할 기회를 얻었다. 전쟁 기간 중 발전한 라디오방송 기술과 녹음 기술도 미국 오케스트라들의 전례 없는 빠른 발전에 큰 역할을 했지만, 19세기 후반부터 형성된 미국 북동부 도시들의 유럽 이민자 커뮤니티도 이 오케스트라들의 발전에 중요한 역할을 담당했다. 클리블랜드 오케스트라의 조지 셀 George Szell 1897~1970, 필라델피아 오케스트라의 유진 올먼디 Eugene Ormandy 1899~1985, 시카고 심포니의 프리츠 라이너 Fritz Reiner 1888~1963는 모두 헝가리 출신 지휘자다. 이후 시카고 교향악단을 지휘한 게오르그 솔티 Georg Solti 1912~1997 또한 헝가리 출신 유대인 지휘자다. 클리블랜드를 중심으로 한 헝가리 이민자 커뮤니티의 영향이 컸다. 이 지역의 헝가리 이민 역사는 1848년과 1849년 사이에 일어난 헝가리 혁명으로 거슬러 올라간다. 오스트리아 제국으로부터의 독립을 외치며 혁명을 주도했으나 실패한 혁명의 지도자 코슈트 Lajos Kossuth 1802~1894는 유럽을 떠돌다가 미국의 초청으로 클리블랜드를 방문했다. 이 인연으로 클리블랜드는 헝가리 이민자들의 중심지가 됐다.

가난과 전쟁을 피해 미국행을 택한 유럽 이민자들은 주로 뉴욕을 통해 미국에 들어가 가까운 펜실베니아나 오대호 중심의 공업지대에 자리 잡았다. 당시 오대호 주변 공업지대는 제조업이 한창 발전하면서 많은 노동력이 필요하던 터였다. 1880년대부터 본격적으로 시작된 이민은 제1

차 세계대전을 거치며 대공황 이전까지 오대호 지역의 커뮤니티들을 부유하게 만들었다. 하지만 대서양 건너편의 독일에선 정반대 상황이 펼쳐졌다. 패전의 아픔과 대공황의 충격을 이용해 1933년에 히틀러가 집권한 것이다. 히틀러는 집권 후 곧바로 모든 공공기관에서 아리아인이 아닌 사람들을 해고했고, 본격적으로 유대인을 탄압하기 시작했다. 1938년에는 오스트리아를 합병했고, 이듬해인 1939년엔 뮌헨 협정을 통해 체코슬로바키아의 독일인 지역도 얻어낸다. 독일의 유대인들은 독일어를 사용하는 오스트리아와 스위스 등으로 피하지만 결국엔 영국이나 미국으로 떠날 수밖에 없었다. 이때의 상황을 잘 그려낸 영화가 바로 <사운드 오브 뮤직 The Sound of Music 1965>이다. 이 영화는 미국으로 이민 간 마리아 폰 트랩 Maria von Trapp 1905~1987이 쓴 책을 기반으로 하고 있다. 영화의 마지막에 폰 트랩 대령 가족이 오스트리아를 탈출하는 시기가 바로 오스트리아가 합병되던 1938년이다. 이후 이 가족은 이탈리아를 거쳐 미국에 도착한다. 미국에 도착한 시기는 확실치 않으나 아마도 1939년경일 것이다. 1930년대의 대공황으로 재산 대부분을 잃은 폰 트랩 가족은 미국에서 가족 합창단 공연을 하며 생계를 유지했다. 이 시기 유럽을 떠난 많은 유대인의 운명도 이와 같았다. 이때 독일을 떠난 대표적 유대인 지휘자가 바로 뉴욕 필하모닉의 브루노 발터 Bruno Walter 1876~1962다.

독일과 오스트리아 유대인들이 미국에 이민 가기 이전에 미국에 자리 잡은 또 다른 유대인 집단이 있었다. 1917년 러시아에서 혁명이 일어나자 내전 지역에서 심한 탄압과 차별을 당한 유대인들이다. 이때 많은 유대인이 미국으로 이주했다. 대표적 인물이 러시아 출신 피아니스트 블라디미르 호로비츠 Vladimir Horowitz 1903~1989와 바이올리니스트 야샤 하이페츠 Jascha

Heifetz 1901~1987다. 작곡가 라흐마니노프 Sergei Rachmaninoff 1873~1943도 이 시기 미국으로 이주했다. 독일의 히틀러를 피해 음악가들이 미국으로 이주한 것처럼 이탈리아에서 무솔리니 Benito Mussolini 1883~1945를 피해 미국으로 이주한 음악가도 있다. 당시 유럽 최고의 지휘자이던 아르투로 토스카니니 Arturo Toscanini 1867~1957가 그렇다. 그는 1937년 미국으로 망명했다. 당시 토스카니니는 라 스칼라 오페라를 복원하고, 푸치니 Giacomo Puccini 1858~1924가 남긴 마지막 오페라인 <투란도트 Turandot>를 초연하면서 유럽에서 최전성기를 구가하고 있었다. 토스카니니는 무솔리니와 파시스트의 압제를 피해 미국으로 온 후에 방송을 위해 설립된 NBC 심포니를 지휘했고, 라디오방송을 통해 미국의 음악 애호가들의 수준을 급격히 끌어올렸다. 그 덕에 미국에서는 호로비츠, 하이페츠, 라흐마니노프, 토스카니니와 같은 음악가들의 연주를 라디오방송을 통해 집에서 무료로 들을 수 있는 음악의 황금시대가 펼쳐졌다. 이를 주도한 것은 뉴욕과 펜실베이니아, 클리블랜드를 중심으로 한 방송국들이었다. 전쟁 시기에 발전한 녹음 기술로 방송국에서 녹음된 교향곡과 협주곡이 디스크와 릴 테이프를 사용해서 하루 종일 방송됐다. 라디오의 등장으로 적어도 미국에서의 음악 감상은 시간과 공간의 제약에서 벗어날 수 있었다.

1930년대 대공황을 거친 후, 2차 세계대전이 끝나자 미국 클래식 음악의 최전성기가 시작됐다. 1945년 전쟁은 끝났으나 유럽은 폐허였다. 미국에 이주한 많은 우수한 음악가들은 고국으로 돌아가지 않고 미국에 남았고, 이미 상당한 수준에 다다른 미국 음악계의 가능성과 경제적 풍요로움에 이끌려 많은 음악가가 미국으로 새로 이주해 연주와 음악교육에 힘썼다. 우리가 알고 있는 미국 오케스트라의 명음반 대부분이 제2차 세계대전 이후 1950~60년대에 만들어진 것이다. 이때의 클리블랜드와 필라델피아,

뉴욕, 시카고는 십자군 전쟁을 통해 지중해 최고의 음악 도시가 된 14세기 이후의 베네치아 같은 곳이었다.

미국에서 클래식 음악이 번창할 수 있었던 것에는, 혁명과 전쟁 같은 정치적 이유 외에 음악적 이유도 있었다. 베토벤 이후 바그너와 브람스에 이르면서 클래식 음악이 교회와 귀족이 듣는 음악에서 일반 시민이 듣는 음악으로 발전한 것이다. 베토벤 시기까지도 클래식 음악은 귀족의 저택에서 와인을 마시면서 듣는 음악이었고, 베토벤의 교향곡마저 귀족의 대저택에서 초연되곤 했다. 하지만 19세기에 들어서면서 산업혁명으로 부를 축적한 부르주아들이 등장했고, 음악의 후원자들이 교회와 궁정이 아닌 은행가이거나 무역과 제조업으로 돈을 번 자본가들로 변했다. 연주 장소도 개인 살롱에서 콘서트홀로 바뀌었고, 일반 시민들이 그 자리를 채웠다. 클리블랜드 오케스트라의 연주 홀인 세브란스 홀을 지어준 사람은 당시 미국 최고의 부자이던 록펠러John D. Rockefeller 1839~1937와 함께 석유 회사를 차린 세브란스의 아들John Severance 1863~1936이었다. 우리나라에 세브란스 병원을 지어준 그 가문이다. 시작부터 민주주의 국가이던 미국은 이런 음악 사조에 딱 어울리는 곳이었다. 도시가 후원하는 오케스트라는 시민을 위한 연주를 해야 했고, 많은 시민을 만족시킴과 동시에 비싸지 않아야 했던 연주회에는 낭만주의 교향곡과 협주곡이 제격이었다. 유럽 중심의 고전적 전통에 얽매일 필요가 없던 미국은 러시아 작곡가들의 광활하고 웅장한 교향곡에 호의적이었는데, 미국 역시 광활한 나라이기 때문이었다. 때마침 러시아를 탈출한 천재 연주자들이 많았고, 미국은 이들에게 열광했다.

이 시기의 미국 오케스트라들이 성공할 수 있었던 또 다른 이유는 지휘자와 연주자에 있었다. 미국 북동부에 오래전부터 자리하고 있던 안정된 유럽 이민 사회를 배경으로 헝가리를 비롯해 독일과 이탈리아에서 이주한 유대인 지휘자들의 헌신적 노력이 오케스트라를 성장시켰다. 이 지휘자들은 연주자들을 혹독하게 훈련한 것으로 유명한데, 클리블랜드 오케스트라의 조지 셀은 특히 악명이 높다. 그는 클리블랜드 오케스트라에 부임하자마자 대부분의 연주자를 유럽 출신으로 바꾸었는데 아마도 헝가리와 러시아 연주자가 많았을 것이다. 이들은 돌아갈 곳이 없는 사람들이었고, 아무리 혹독한 훈련이라도 참고 인내할 수밖에 없는 사람들이었다. 그 결과 조지 셀의 클리블랜드 오케스트라는 당시 세계에서 가장 완벽한 연주를 하는 악단이 됐고, 조지 셀이 지휘한 베토벤 교향곡 녹음 음반은 최고의 명반으로 인정받고 있다. 제2차 세계대전이 끝나자 유럽으로 돌아간 지휘자들도 있다. 대표적 지휘자가 뉴욕 필하모닉을 지휘한 독일의 브루노 발터다. 1876년생인 발터는 유럽으로 돌아가 빈 필하모니를 지휘했다.

재즈:
녹음, 방송 기술과 함께 태어난 음악

20세기에 미국에서 태어난 재즈는 녹음과 방송이 만들어낸 음악이었다. 악보만 전해지는 클래식 음악과 달리, 재즈는 중요한 연주자들의 연주가 거의 대부분 녹음으로 전해진다. 그라모폰을 사용한 초기 녹음 기술부터 시작해서, 마이크를 사용하기 시작한 때, 테이프 편집기술은 아직 개발되지 않았지만 아날로그 녹음 기술을 사용해서 여러 대의 마이크로 연주를 생생하게 기록할 수 있던 시기, 마그네틱 테이프를 사용해서 녹음된 연주를 편집할 수 있게 된 때, 각 시기마다 풍부한 녹음 기록이 남아 있어서 녹음 기술이 크게 발전할 때마다 확연히 변하는 재즈 연주 스타일을 쉽게 확인할 수 있다. 두 차례의 세계대전 중에 발전한 라디오 기술도 재즈의 발전에 큰 영향을 미쳤다. 대형 방송 네트워크들은 녹음 스튜디오도 소유하고 있어서 라디오를 통해 미국 전역에 생중계된 재즈 연주는 음반으로도 만들어졌다. CBS^{Columbia Broadcasting System}는 콜럼비아 레코드를 소유하고 있었고, RCA^{Radio Corporation of America}는 1929년에 당시 세계 최대의 음반 및 축음기 제조업체였던 Victor Talking Machine Company를 인수해서 RCA Victor를 설립했다. 미디어와 함께 태어나서 성장한 재즈는 '미디어 아트'였다.

1900년대 초 뉴올리언즈에서 출발한 초기 재즈는 재즈 전문 녹음 스튜디오가 있던 리치몬드와 뉴저지, 방송국이 있는 시카고와 뉴욕을 중심으로 발전했다. 1차 세계대전 중에 초기의 딕시랜드Dixieland 연주자들이 등장했는데, 이때는 커다란 나팔 모양의 혼horn으로 소리를 수집하는 그라모폰을 사용해서 바늘로 디스크의 표면에 소리의 진폭과 주파수를 직접 새기던 시기였다. 비록 열악한 음질이지만 이 시기 연주자들의 연주가 고스란히 디스크에 기록돼서 전해지는데, 녹음된 시기와 장소의 기록을 확인해 보면 재즈가 확산되고 진화한 궤적이 거의 그대로 드러난다. 1918년에 오리지널 딕시랜드 재즈 밴드Original Dixieland Jazz Band가 뉴욕에서 블루스를 녹음했고, 1922년엔 재즈의 초기 형태라고 할 수 있는 타이거 래그Tiger Rag를 뉴올리언즈 리듬 킹스New Orleans Rhythm Kings가 버지니아 리치몬드에서 녹음했다. 이듬해인 1923년엔 시카고에서 킹 올리버 재즈 밴드King Oliver's Jazz Band가 Sweet Loving Man스윗 러빙 맨이란 곡을 녹음했다. 이 녹음 기록들을 자세히 살펴보면 당시의 재즈가 어떤 경로로 확산되었고 녹음 스튜디오와 방송사를 통해서 어떻게 진화했는지 유추해 볼 수 있다. 1917~1918년에 미시시피강이 바다와 만나는 루이지애나의 뉴올리언즈에서 활동하던 딕시랜드 밴드들이 빅시티인 뉴욕에서 처음으로 녹음한 곡이 흥행에 성공하자, 뉴올리언즈에서 뉴욕과 시카고로 오는 길목에 위치한 버지니아의 리치몬드에 재즈 전문 녹음 스튜디오들이 들어서기 시작했고 결국엔 중서부 최대의 도시인 뉴저지에 초기의 딕시랜드와 스윙 재즈Swing Jazz를 녹음하는 스튜디오들이 자리 잡게 되었다.

초기의 재즈 음악들은 모두 악보 없이 즉흥적으로 연주됐다. 완성된 악보를 해석해서 연주하는 클래식 음악과 재즈는 본질적으로 다른 음악이었다. 연주자들은 클럽과 녹음 스튜디오, 방송국에서 연주했는데 흥겨운 멜로디를 자유롭게 연주하는 집단적인 즉흥 연주였다. 다양한 악기들이 사용되었지만 특정 악기가 멜로디를 주도하지 않았고 자유로운 감각과 리듬, 연주자들 사이의 호흡이 중요한 음악이었다. 방송국이 있는 시카고가 재즈의 무대가 되면서 집단적인 즉흥연주에서 트럼펫이나 클라리넷 같은 독주 악기의 소리가 좀 더 선명하게 녹음되기 시작했다. 비록 마이크도 없이 나팔 모양의 혼 앞에서 하는 연주였지만 방송국의 녹음 전문가들은 독주 악기가 돋보이도록 연주자들의 위치를 조정했을 것이다. 녹음과 방송이 거듭되면서 재즈 연주는 진화했다.

금주법 시대1920~1933가 되자 해가 지면 밀주를 파는 비밀 주점인 스피크이지Speakeasy에서 빅밴드가 스윙 재즈를 연주했다. 불법적인 사업이었고 알 카포네Al Capone 1899~1947 같은 갱스터들이 비밀 주점을 운영했다. 라이브 재즈 음악과 흥겨운 춤, 금지된 술은 잘 어울렸고, 몇몇 조직들은 음반 사업에도 진출했다. 루이 암스트롱Louis Armstrong 1901~1971과 듀크 엘링턴Duke Ellington 1899~1974, 베니 굿맨Benny Goodman 1909~1986과 글렌 밀러Glenn Miller 1904~1944의 빅밴드들이 뉴욕의 밤을 장악했다. 재즈 클럽이 있는 할렘으로 가는 기차A Train를 타고 흥겨운 리듬이 넘쳐흘렀다. 엘라 핏제랄드Ella Fitzgerald 1917~1996와 빌리 할러데이Billie Holiday 1915~1959, 페기 리Peggy Lee 1920~2002 같은 매력적인 재즈 가수들이 등장했다. 연말이면 12월 31일 밤부터 시작해서 해를 넘기면서 계속되는 재즈 파티가 라디오로 생중계됐다. 1937년엔 꿈의 무대인 카네기 홀Carnegie Hall에서 베니 굿맨의 빅밴드가 *Sing Sing Sing*싱싱싱을 연주했다. 빅밴드 스윙 재즈의 대표곡이라고 할 수 있는 이 곡이 수록된 음반은 동경을 통해 경성에 도착했고, 1939년 목포의 눈물의 작곡자 손목인 Son Mok-in 1907~1982 선생은 리갈 레코드에서 우리말 가사로 번안한 <싱싱싱>을 취입했다.

"와우 싱싱… 모다 같이 노래해, 와우흥 ~ 나와 같이 노래해. 싱… 언제든지 노래해, 와우흥 ~ 모다 같이 노래해. 달콤한 이 노래는 거리마다 밎인다. 모다 노래하기를 아우흥 베비 아우흥. 와우 딧젯딧젯 젯라리리리라릿. 모다 같이 부르자 라 불러. 자미있는 이 노래를…"

1941년 일본이 진주만을 공습했고 이듬해부터 미국이 2차 세계대전에 본격적으로 참전하자, 빅밴드의 연주자들이 군대에 징집되면서 빅밴드의 전성기는 저물어갔다.

강한 폐활량이 필요한 관악기들을 연주하는 재즈밴드들은 흑인 남자들의 세상이었다. 베니 굿맨 같은 예외도 있었으나, 그는 러시아에서 미국으로 이민 온 유대계의 가난한 백인이었다. 역설적이게도 흑인이 연주하는 재즈 클럽에서 음악을 감상하는 사람들은 모두 백인이었고, 무대에서 노래하는 가수들은 대부분 흑인 여자들이었다. 이 기묘한 조합 때문에 무대와 관객석은 자연스럽게 분리됐다. 거리가 아무리 가까워도 분리된 세계였다. 다른 세상의 사람들을 위해 연주하던 재즈 연주자들은 클럽이 문을 닫고 난 후 따로 모여 자신만을 위한 잼 세션jam session을 열었고,

흑인들은 음반과 라디오를 통해서 재즈를 들었다. 라디오 방송국과 녹음 스튜디오도 청중이 없는 무대였다. 방송국과 녹음 스튜디오의 마이크 앞에서 흑인 연주자들은 비로소 가족과 친구들을 위한 연주를 할 수 있었다. 미디어는 분리된 것을 다시 연결할 때 가장 강력해지고, 이때 새로운 것이 등장한다. 이 시대의 미디어인 라디오 방송과 음반은 비록 같은 시공간은 아닐지라도 재즈 연주자들을 현실에선 만날 수 없는 청중과 연결해 주었다. 관객으로 가득 찬 재즈 클럽에서도 객석과 분리된 무대에서 연주하던 재즈 연주자들은 마이크 앞에서도 재즈 클럽의 열기를 쉽게 재연했다. 어떤 경우엔 오히려 방송과 음반이 관객들에게는 공개되지 않던 잼 세션의 진수를 담아낼 수 있었다. 2차 세계대전이 끝날 무렵 빅밴드의 시대가 저물고 비밥^{Bebop}의 시대가 열렸다. 재즈의 역사에서 가장 강렬하고 매력적인 장면이 시작되었다.

CD가 아닌 LP 음반을 수집하는 음악 애호가들이 많다. 진공관 앰프와 연결해서 재생하면 따뜻한 아날로그 음질을 느낄 수 있어서 수집하는 사람들도 있지만, 그 자체로 가치가 있기 때문이기도 하다. 컴퓨터로 쉽게 복제할 수 있는 CD와 달리 LP는 복제할 수 없다. 비록 대량으로 생산된 것이라도 오래된 LP가 보관 상태가 좋다면 좋은 값을 불러도 살 사람이 꽤 많다. 만약 LP$^{\text{long playing record}}$ 이전에 만들어진, 분당 78회전을 하는 7인치 SP$^{\text{standard playing record}}$ 음반을 소장하고 있다면 전문적인 음반 컬렉터라 할 수 있다. 2차 세계대전이 끝나고 전쟁 중에 독일이 개발한 마그네틱 테이프를 이용한 녹음 기술이 1948년에 상용화되었다. 마침 이 시기에 LP 음반 제작 기술도 함께 개발되었기 때문에, LP 음반들은 대부분 마그네틱 테이프 녹음 기술로 만들어졌다. 마그네틱 테이프를 이용하면 녹음한 음악을 편집할 수 있었고, 마일즈 데이비스 같은 연주자들은 이런 기술을 이용해서 새로운 개념의 재즈 음반을 발표하기도 했다. 그런데 테이프로 녹음한 재즈는 편집이 가능했다는 점 때문에 재즈의 즉흥성을 중요하게 생각하는 음반 컬렉터들은 이전 시대의 SP 음반을 훨씬 가치 있다고 평가한다. 그중에서도 천재적인 재즈 연주자들의 즉흥적인 연주가 마이크를 거쳐 편집 없이 곧바로 디스크에 새겨지던 1945년과 1948년 사이에 녹음, 발매된 상태 좋은 찰리 파커 Charlie Parker 1920~1955의 SP를 갖고 있다면 잭슨 폴록 Jackson Pollock 1912~1956이나 윌렘 드 쿠닝 Willem de Kooning 1904~1997의 작품을 소장하고 있는 것과 마찬가지다.

비밥과 추상표현주의

2차 세계대전 중에 많은 재즈 연주자들이 참전하면서 빅밴드의 전성기가 지나고 있었다. 전쟁에 참전하지 않은 연주자들은 소규모 콤보 그룹을 만들어 연주하기 시작했다. 1942년부터 1944년까지의 미국 음악가 노조의 녹음 금지 파업이 끝날 즈음 최초의 비밥 재즈 녹음들이 등장하기 시작했다. 색소폰의 찰리 파커, 트럼페터 디지 길레스피 Dizzy Gillespie 1917~1993, 피아니스트 버드 파웰 Bud Powell 1924~1966, 드러머 맥스 로치 Max Roach 1924~2007가 빠르고 강렬한 즉흥 연주를 선보이며 비밥 재즈를 이끌었다. 이 시기에 빌리 할러데이, 엘라 핏제랄드, 페기 리 같은 여자 가수들은 빅밴드 소속 가수에서 무대 전면에서 자기 얘기를 노래로 부르는 예술가로 성장했다. 빌리 할러데이는 살해당해서 벌거벗긴 채로 나무에 매달린 흑인의 시체를 노래하는 *Strange Fruit* 스트레인지 프루트을 불렀고, 페기 리는 함께 살던 연인을 떠나면서 부르는 *Don't Smoke in Bed* 돈 스모크 인 베드를 불렀다. 여자 재즈 가수들은 더 이상 빅밴드 연주 사이에 등장해서 관중의 흥을 돋우는 역할을 많은 소녀들이 아니었다. 자신만의 무대가 주어졌고 그 무대를 장악했다. 1948년 빌리 할러데이의 카네기홀 공연은 매진을 기록했다.

1950년 공산주의를 척결하자는 매카시즘McCarthyism 열풍이 불기 전, 뉴욕은 비밥과Bebop 추상표현주의Abstract Expressionism의 도시였다. 찰리 파커와 디지 길레스피는 현기증 나는 속도로 색소폰과 트럼펫을 불어 댔다. 연주를 시작하기 전 몇 마디의 멜로디만 정해 놓았을 뿐 나머지 연주는 모두 즉흥적으로 이루어지는 폴리포니polyphony 음악이었다. 이들에게 재즈는 더 이상 춤을 추기 위한 음악이 아니었고, 이들의 연주에선 인생 전체를 던져 넣는 것 같은 에너지가 느껴졌다. 실제로 많은 연주자들이 마약에 취한 채 환각 속에서 연주했고 그 순간의 연주들은 편집 없이 그대로 디스크에 새겨졌다. 반복되고 재연되는 클래식 음악 전통의 정 반대에 서 있는 음악이었다. 같은 시기 뉴욕에 등장한 추상표현주의 역시 유럽의 회화 전통에서 상상조차 할 수 없었던 미술 사조였다. 잭슨 폴록은 이젤을 버리고 바닥에 캔버스를 펼쳐 놓고서 그 위에 물감을 뿌렸다. 붓질이 아니고 움직임과 행위로 만들어 내는 예술이었다. 캔버스 위에 물감을 뿌리는 시간 속의 행위 자체가 예술이었고 즉흥적으로 뿌려진 물감 위에 다시 뿌려지는 또 다른 색채는 다른 시간을 같은 화폭 위에서 구현하는 회화의 폴리포니였다. 아직 마그네틱 테이프 녹음이 시작되지 않았고 비밥 연주자들이 디스크에 소리를 박제하던 때, 뉴욕의 추상표현주의 작가들은 캔버스에 물감을 뿌려 시간을 박제했다. 미국의 추상표현주의 작가들은 유럽의 회화에서 공간을 표현하던 전통적인 방법인 원근법을 포기하고, 시공간을 다루는 4차원의 예술인 음악이 공간을 다루는 방법인 폴리포니를 채택했다. 2차 세계대전 후 재즈와 함께 뉴욕을 매혹한 추상표현주의는

4차원 소녀를 사랑하는 2차원 소년의 연애편지였다.

시간을 편집한 글렌 굴드와 마일즈 데이비스:
분리된 공간에서 녹음된 조각들을 이어 만든 걸작들

마그네틱 녹음 기술이 상용화된 후 같은 음악을 테이프 위에 여러 번 녹음하고, 녹음된 결과물을 잘라서 이어 붙이는 편집이 가능해졌다. 이 기술은 디스크 녹음을 빠르게 대체했고 1950년대 이후엔 아날로그 녹음 기술의 전성기가 시작됐다. 1955년 뉴욕에 나타난 캐나다 출신의 피아니스트 글렌 굴드는 마그네틱 테이프를 이용한 아날로그 녹음 기술을 사용해서 바흐의 <골트베르크 변주곡>을 녹음했고, 이 녹음으로 그는 전설적 피아니스트의 반열에 올랐다. 글렌 굴드는 <골트베르크 변주곡>의 아리아와 각 변주를 스튜디오에서 녹음하면서 마음에 들지 않은 부분을 완벽하다고 느껴질 때까지 반복해서 녹음했다. 그리고 최상의 결과만 이어 붙여 음반을 완성했다. 요즘엔 거의 모든 장르의 음악 녹음에서 당연하게 받아들여지는 방식이지만 당시에는 혁명적 녹음 방식이었다. 온 세계가 글렌 굴드의 바흐 음반에 환호했다. 연주하면서 연주자가 흥얼거리는 소리까지 들을 수 있는 이 음반은 사실 놀라운 편집 기술의 결과물이다. 첫 곡 아리아부터 마지막 변주까지 마치 쉬지 않고 한 번에 연주된 것처럼 들리는 이 연주는 수없이 반복된 녹음과 편집을 통해 완성됐다. 음악을 연주하는 공간과 듣는 공간이 분리되면서 가능해진 일이었고, 라디오나 음반 같은 미디어를 통해 음악을 듣는 것이 보편화한 1950년대 중반에 벌어진 일이었다.

1959년 같은 도시. 뉴욕 30번가 스튜디오에서 트럼페터 마일즈 데이비스 Miles Davis 1926~1991는 글렌 굴드와 같은 기술을 정반대의 방식으로 사용해서 재즈 역사상 가장 위대한 걸작 중의 하나를 완성했다. 색소폰 연주자 존 콜트레인 John Coltrane 1926~1967과 캐넌볼 애덜리 Cannonball Adderley 1928~1975, 피아니스트 윈튼 켈리 Wynton Kelly 1931~1971, 베이스 연주자 폴 챔버스 Paul Chambers 1935~1969, 드러머 지미 콥 Jimmy Cobb 1929~2020은 스튜디오에 도착해서도 그날 어떤 곡을 연주할지 알지 못했다. 마일즈 데이비스는 연주자들에게 멜로디 라인에 대한 간단한 스케치와 즉흥연주에서 사용할 음계 정도만 알려줬고 리허설 없이 녹음이 시작됐다. 마일즈 데이비스는 각 곡마다 여러 차례 녹음을 반복했다. 당대의 가장 뛰어난 재즈 연주자였던 이들은 즉흥적으로 영감을 주고받으며 감각적인 연주를 이어 나갔고, 녹음이 끝난 후에는 아무도 어떤 결과가 나왔는지 정확히 알지 못했다. 녹음은 3월 2일과 4월 22일, 이틀에 걸쳐서 진행됐다. 편집을 거쳐 그해 8월에 음반이 발매되었다. 이 음반이 유명한 *Kind of Blue* 카인드 오브 블루다. 마일즈 데이비스는 녹음된 연주를 모두 들어보면서 가장 마음에 드는 부분들을 골라냈고 그것들을 이어 붙여 곡들을 완성시켰다.

글렌 굴드의 <골트베르크 변주곡>과 마일즈 데이비스의 <카인드 오브

블루>는 클래식과 재즈 분야에서 100개의 명반을 꼽아야 한다면 반드시 포함되어야 할 걸작들이다. 두 음반은 비슷한 시기에 녹음되었고 같은 기술을 사용했으나 전혀 다른 생각을 바탕으로 만들어졌다. 하나는 '원본인 악보를 충실히 재현하기 위해서라면 얼마든지 반복해서 녹음해도 좋다'는 생각이고, 또 하나는 '어차피 즉흥적인 연주이니 몇 번이고 반복해도 좋고 그중 어느 부분을 선택해도 좋다'는 생각이다. 전자는 완벽해지기 위해 반복하고, 후자는 완벽한 것은 없으니 반복해도 상관없다고 생각한다. 결과에 대한 판단은 음반을 듣는 사람들에게 열려 있다. 연주자들이 스튜디오에서 녹음한 것과 음반에 수록된 결과가 다르므로 결국 판단은 듣는 사람들의 몫이다. 미디어를 경계로 나누어진 연주자와 청중이 시간과 공간을 공유하지 않기 때문이다. 연주자의 시공간은 음반이라는 미디어를 통해서만 감상자와 공유된다. 같은 시공간을 공유해야만 했던 예술가와 감상자는 이때부터 콘텐츠를 만드는 사람과 미디어를 통해 그것을 소비하는 사람의 관계로 바뀌었다. 현대적인 의미에서 미디어의 시대가 열렸다. 아직 전화로 대화하던 시대였지만, 여러 차례 수정해서 완성한 메시지를 소셜미디어에 남기면 수신자가 자기가 편한 시간에 확인하는 방식의 미디어 커뮤니케이션은 이미 1950년대에 시작됐다.

삶에서 음악을 지워가는 위대한 공연자: 그리고리 소콜로프

2025년 현재 생존하고 있는 가장 위대한 피아니스트로 러시아의 그리고리 소콜로프 Grigory Sokolov 1950~ 현재 스페인 국적를 꼽는 사람들이 많다. 그는 마그네틱 테이프 녹음과 편집 기술을 즐겨 사용했고 나중엔 스튜디오 녹음만 고집했던 글렌 굴드와 정반대의 길을 걷는 연주자다. 굴드는 청중이 없는 녹음 스튜디오에서 녹음과 편집을 반복하면서 시간의 조각을 재구성하는 일에 집중했다. 반면에 소콜로프는 스튜디오 녹음 작업을 거의 하지 않고 라이브 공연을 고집한다. 그의 몇 안 되는 녹음 음반 가운데에 1990년에 파리에서 쇼팽의 전주곡을 녹음할 때의 에피소드가 그가 음악을 대하는 태도를 잘 보여준다. 이 음반은 파리의 콘서트홀 살 아디아르 Salle Adyar에서 녹음됐다. 이 홀은 에펠 탑 근처에 있는 500명 정도를 수용할 수 있는 극장이다. 이 홀에서 녹음할 때 소콜로프는 마치 콘서트에서 연주하는 것처럼 모든 조명을 밝히고 녹음하는 3일 내내 연주복을 입었다. 이 녹음 작업은 사실상 3일 동안 열리는 콘서트처럼 이루어졌다.

소콜로프에게 음악은 콘서트홀에서 청중과 함께 하는 단 한 번 일어나는 사건이다. 콘서트가 녹음될 수는 있지만 녹음의 기술적 가능성을 배제하고 연주자와 청중이 공유하는 시간의 흐름이 그대로 기록돼야 했다. 소콜로프는 자신이 연주한 음반이 발매되는 것도 철저히 통제한다. 매년 70회에 가까운 독주회가 열리고, 연주는 모두 녹음되고 있지만 그중 그가 발매를 허락하는 음원은 아주 드물다. 모든 연주가 기록되고 보관되지만 본인의 사망 이후에만 발매할 수 있도록 설정되어 있다. 그래서 그의 음반은 귀하고, 몰래 녹음된 파일들은 애호가들 사이에서 은밀하게 교환되기도 한다. 소콜로프는 한 시즌 동안 특정 곡들을 몰입해서 연주한 후에 일정한 경지에 이르렀다고 판단되면 이후에는 그 곡들을 다시 연주하지 않는다. 소콜로프의 생전에는 음반으로 출시되지 않을 그 곡들은 연주자의 손에서 벗어나, 연주의 기억과 함께 사라진다. 그는 삶에서 음악을 하나씩 지워가고 있다. 그에게 음악은 하나씩 완성해서 생에서 지워내는 것이다.

시간과 함께 사라지는 음악을 자신의 생에서 하나씩 지워 나가고 있는 소콜로프에게 연주회 장면을 영상으로 남기는 것은 그가 가장 꺼리는 일이다. 2002년 11월, 파리 샹젤리제 극장 Champs-Élysées Theatre에서의 영상은 소콜로프의 음악 세계를 예외적으로 들여다볼 수 있는 귀중한 기록이다. 베토벤의 <피아노 소나타 Op. 14>의 1번과 2번, 그리고 Op. 28 <전원>이 한 번의 흐름 속에서 쉬지 않고 연주됐다. 단 한 번의 촬영, 눈에 띄지 않는 마이크와 카메라, 조명을 조건으로 허락된 촬영이었다. 그해 겨울 그는 이 세 곡을 전 유럽을 돌며 연주했고, 다음 해가 되자 더 이상 이 곡들을 무대에 올리지 않았다. 소콜로프는 반복된 연주를 통해 음악을 완성하고 지운다. 그래서 그는 자신이 연주할 작품 목록을 점점 줄여가면서 결국에는 침묵만이 남는 지점으로 나아가고 있다. 베토벤이 마지막 소나타에서 3악장을 지웠듯이 삶의 시간과 함께 음악도 지워진다. 모든 음악이 데이터가 돼서 사라지지 못하고 유령처럼 네트워크를 떠도는 인공지능의 시대에, 자신의 고유한 창조력과 개성을 보존하고 싶은 현명한 예술가가 할 수 있는 일은 어쩌면 서둘러 자신의 기록을 지우는 것일지 모른다.

소콜로프의 의도가 어떻든 그의 사후에 어떤 일이 벌어질지 예상하는 것은 어렵지 않다. 그가 시즌마다 반복해 녹음해 둔 같은 작품의 여러 음원들은 디지털 데이터로 변환된 후 조각조각 분해될 것이다. 엔지니어들은 온갖 디지털 기술들을 사용해서 악보의 마디마디마다 가장 완벽한 녹음 조각을 찾아낼 것이고, 소콜로프가 추구했던 완성보다 더 완벽한 형태로 재조립될 것이 분명하다. 예민한 음악 애호가들 사이에선 이렇게 만들어진 결과와 소콜로프의 실황 연주 중 가장 완벽하다고 평가되는 음반 중에 더 나은 음반이 무엇인지를 두고 끝도 없는 공방이 이어질 것이다. 예상되는 최악의 상황은 소콜로프의 반복, 축적된 음원 데이터를 모두 학습한 인공지능이 소콜로프보다 더 소콜로프 같은 연주 음원을 만들어내는 것이다. 몇 안 되는 그의 영상기록만으로도 홀로그램 영상을 만들어 내는 것은 어렵지 않으니, 소콜로프가 생전에 연주하지 않았던 작품들을 연주하는 콘서트를 유튜브로 볼 수도 있을 것이다. 네트워크와 미디어를 통해 음악과 세계를 만나는 현대인들이 더 이상 피할 수 없는 숙명이다. 소콜로프가 현명하게 저작권 계약을 해 두었기를 바랄 뿐이다.

카를로스 클라이버의 <7번 교향곡>과
120개의 스플라이싱 테이프

최근 지휘자 카를로스 클라이버 Carlos Kleiber 1930~2004가 빈 필하모니 오케스트라 Vienna Philharmonic Orchestra와 1975년 11월과 1976년 1월, 두 차례 녹음을 통해 완성한 베토벤 <7번 교향곡>의 원본 녹음테이프에 120개가 넘는 스플라이싱 테이프 splicing tape 음악이 녹음된 마그네틱 테이프를 자른 후, 다시 이어 붙이기 위해 사용하는 테이프가 사용되었다는 기록이 공개됐다. 베를린에 위치한 가장 오래된 녹음 스튜디오 중 하나인 에밀 베를리너 스튜디오 Emil Berliner Studios의 홈페이지를 통해서, 도이치 그라모폰이 아날로그 멀티트랙 녹음 시대에 누렸던 10년 동안의 황금기에 대한 기록이 2023년에 공개되면서 알려진 사실이다. 원본 테이프가 회전하면서 흰색 스플라이싱 테이프가 붙여진 부분을 눈으로 확인할 수 있는 동영상도 유튜브에 올라와 있다.

카를로스 클라이버의 베토벤 5번과 7번 교향곡 녹음은 논란의 여지가 없는 최고의 명연주다. 클라이버의 지휘는 세련되고 경쾌하면서도 귀족적인 우아함이 있다. 마셜 플랜의 후원으로 당시 유럽의 클래식 음악계에서 독보적인 지위를 차지하고 있던 카라얀Herbert von Karajan 1908~1989의 유일한 호적수로 손꼽혔던 지휘자가 카를로스 클라이버였다. 2차 세계대전 이후에 파괴된 유럽 도시들을 재건하기 위해서 미국은 1948년에 유럽 재건 계획인 마셜 플랜을 가동했다. 유럽의 도시와 산업시설, 도로와 항만 같은 인프라들이 마셜 플랜으로 빠르게 복원됐다. 이때 소련이 미국을 중심으로 한 서방 진영을 위협하는 세력으로 등장하자 이에 맞서기 위해 서방 진영의 문화적, 예술적 우위를 선전하기 위해서 막대한 규모의 지원이 이루어졌다. 동서로 나뉜 베를린은 동서방의 문화, 예술이 우위를 겨루는 전쟁터가 되었고 베를린 필하모니Berlin Philharmonic Orchestra를 이끄는 카라얀은 서방 문화의 우수성을 수호하는 전장의 장수였다. 아낌없는 지원이 이루어졌다. 전폭적인 후원을 받는 카라얀은 모든 시설과 장비를 갖춘 베를린 필하모니의 상주 공간인 필하모닉 홀Philharmonic Hall에서 녹음하지 않고, 베를린의 예수 그리스도 교회The Church of Jesus Christ of Latter-day Saints에서 녹음하는 것을 즐겼다. 악기와 장비를 옮기기 위해 많은 물류비용이 들었지만 개의치 않았고, DG도이치 그라모폰는 결국 예수 그리스도 교회에 상설 녹음 장비를 설치했다.

카라얀은 당시 세계 최고의 녹음 편집 기술력을 갖고 있던 DG의 최신 장비들을 최대한 활용했다. 교향곡의 한 악장을 녹음한 카라얀은 녹음실에서 엔지니어들과 녹음 결과를 바로 확인했다. 목관악기의 소리가 너무 작은 것이 확인되면 마이크와 가까운 곳으로 목관악기의 위치를 조정했다. 카라얀은 만족할 만한 결과가 나올 때까지 녹음을 반복하는 사치를 부릴 수 있었다. 모든 작업이 끝나고 최종 결과를 확인하는 과정에서라도 마음에 들지 않는 부분이 확인되면 카라얀은 연주자들을 다시 소집해서 그 부분을 통으로 다시 녹음했다. 아낌없는 지원을 사치스럽게 사용한 결과로 카라얀의 녹음테이프엔 오히려 스플라이싱 테이프가 상대적으로 적게 사용됐다. 마음에 들지 않는 부분은 아예 다시 녹음해버렸기 때문이다. 당연한 결과로 카라얀의 LP 음반은 당시의 어떤 지휘자도 공연장에서 쉽게 재현할 수 없는 수준의 음질과 품질을 자랑했다.

이런 카라얀의 유일한 호적수였던 클라이버는 카라얀이 사용하는 기술을 사용하지 않을 수 없었다. 그의 베토벤 <7번 교향곡> 녹음에 스플라이싱 테이프가 120개 군데나 사용됐다는 것은 어쩌면 클라이버가 카라얀만큼 사치스럽지 않았다는 증거일 수도 있다. 카라얀 이후 대부분의 클래식 음반은 라이브 공연을 녹음한 경우라 할지라도, 여러 번의 리허설과 두세 번의 반복된 공연을 녹음한 결과물 중에서 가장 잘 연주된 부분들을 편집해서 만들어진다. 그래서 많은 음반 컬렉터들은 공연장에서의 연주에 쉽게 만족하지 못한다. 이것이 오늘날 많은 교향악단이 겪는 어려움의 원인이다. 카라얀 같은 지휘자들이 막대한 지원을 사치스럽게 사용해서 남긴 음반들, 거기에 대응해서 클라이버 같은 명지휘자가 녹음한 음반들, 그 음반들을 듣고 그에 필적할 음반을 남기기 위해 절차탁마한 이후의 수많은 지휘자들과 오케스트라들의 음반들이 현대 지휘자와 교향악단의 경쟁자이기 때문이다. 사실 대부분의 클래식 작품들을 새로 녹음해서 음반을 내는 것은 큰 의미가 없게 되었다. 이미 좋은 녹음들은 셀 수 없이 많기 때문이다. 이제 음반은 공연의 홍보물로 사용되고, 대부분의 음원은 음반 발매와 동시에 유튜브에 연주 영상과 함께 올려진다. 공연장에 가는 대신 음반을 모으고 만족할 만한 오디오 장비를 갖춘 음악 애호가들이 겪게 되는 마지막 어려움은 공간이다. 아파트에서 브람스의 교향곡을 충분히 크게 듣다간 큰일이 난다. 어렵게 장만한 웬만한 자동차 한 대 가격의 오디오 장비와 음반들이 인테리어로 전락한다. 은퇴 후 음악에 뜻을 둔 분들은 결국 개인 주택으로 이사하고 지하실을 감상실로 개조한 후, 여유 생길 때마다 좀 더 나은 것으로 교체하게 되는 스피커를 벽에 묻고 시멘트로 다져야 비로소 사치스러운 오디오 취미는 결말이 난다. 간혹 이것으로 만족하지 못하는 진정한 오디오 마니아들이 등장하고, 이분들은 교외에 건물을 짓고 작은 콘서트홀 규모의 본격적인 음악감상실을 운영하기도 한다. 하지만 안타깝게도 이 정도 상황에 이르면 음악을 듣는 것이 아니라 장비의 성능을 자랑하는 공간이 돼 버리기 일쑤다. 콘서트홀에서 들리는 실제 소리보다 장비가 재현하는 다이내믹 레인지가 중요하고, 저음 우퍼는 쓸데없이 음악을 웅웅거리게 만든다. 녹음과 방송 기술이 발전하면서 연주자와 감상자의 시공간이 분리되고, 결국 미디어를 통해서 음악을 만나야만 하는 시대에 가장 경계해야 할 일 중 하나다.

마이크와 카메라 앞에서 연기하는 진실과 감동:
예술가의 몰락

연주자들은 청중 없는 무대에 서고, 감상자는 음반과 오디오 장비로 음악을 듣게 되면서 천재적인 재능을 가진 예술가들이 쉽게 소모되고 몰락하는 일들이 일어난다. 유진 포더 Eugene Fodor 1950~2011는 1950년에 미국에서 태어나서 전설적인 바이올린 연주자이자 교습가인 이반 갈라미언 Ivan Galamian 1903~1981과 야샤 하이페츠에게서 바이올린을 배웠다. 10대부터 천재적인 재능을 보였고 22살엔 이탈리아 파가니니 콩쿠르에서 1등을 차지했다. 1974년 24살의 유진 포더는 구소련의 수도 모스크바에서 열린 차이코프스키 콩쿠르에서 1등 없는 2등으로 최고 상을 받았다. 냉전시대의 한복판이었고 유진 포더는 미국과 서방 세계의 영웅이었다. 이 해 라인스도르프 Erich Leinsdorf 1912~1993의 지휘로 뉴 필하모니아 오케스트라 New Philharmonia Orchestra와 협연한 차이코프스키 Pyotr Ilyich Tchaikovsky 1840~1893의 <바이올린 협주곡>을 들어보면 그의 천재성을 확인할 수 있다. 쟈니 카슨 Johnny Carson 1925~2005 의 투나잇 쇼 The Tonight Show의 단골 출연자가 됐고 TV 코미디

프로그램에도 출연했다. 잘생긴 외모와 남성적인 이미지를 가진 유진 포더는 당시 인기 절정의 록 그룹 롤링스톤즈 The Rolling Stones 의 리더였던 믹 재거 Mick Jagger 1943~ 에 비유되곤 했다.

콘서트홀에서 연주되는 어쿠스틱 악기의 대명사인 바이올린의 천재를, 최대 출력의 마이크와 스피커를 통해 아레나 arena 거대한 야외 공연장 가 터질 듯 소리쳐 대는 록스타에게 비유하면서 비극이 시작됐다. 인기 있는 토크쇼와 코미디 프로그램에 출연한 유진 포더는 마이크와 카메라 너머의 시청자들의 관심을 끌기 위해서 과장된 기교를 보여주는 연주를 반복해서 녹음하고 촬영했다. 섬세하게 훈련된 내면세계를 다루던 연주자가 언론과 미디어에 의해 배우나 가수 같은 연예인이 된 것이다. 관객이 없는 스튜디오 안에서 마이크와 카메라를 향해 감정을 만들어내고 연기했다. 마이크와 카메라는 냉정하다. 갖고 있는 재주와 감성을 극단적으로 끌어내지 않으면 냉정한 마이크와 카메라 너머의 시청자들에게 따뜻한 감정을 전달할 수 없다. 마이크는 증폭하고, 카메라는 클로즈업한다. 속삭임 하나, 숨소리 하나까지도 생생히 포착하는 이 장치는 일상에선 청중이 들을 수 없는 소리를 듣게 만든다. 카메라는 배우의 눈동자와 피부의 떨림, 감정이 스치고 지나가는 순간까지도 담아낸다. 스피커와 스크린을 통해 만나는 증폭되고 클로즈 업된 이미지는 일상에는 없는 친밀감을 만들어낸다. 그리고 이 친밀감은 현실에서의 거리감을 무너뜨린다.

이제 미디어를 통해서 감상자를 만나게 된 연주자와 배우들은 점점 더 많은 에너지와 감정을 더 폭발적인 방식으로 사용해야만 한다. 그래서 많은 예술가들이 마약이나 알코올의 힘에 의지한다. 고통스러운 자기 고립 속에서 스스로를 짜내듯이 감정을 끌어내서 하는 녹음과 촬영이 반복되고 결국 편집된다. 실제의 자신과는 다른 또 다른 연출된 자아를 만들어서 유지해야 하는 이 환경에서, 미디어는 예술가를 친밀하고도 초월적 존재처럼 보이게 하면서, 동시에 가장 극단적인 고독 속으로 몰아넣는다. 미디어를 통해서 만나는 배우와 가수는 무대 위에서 관객과 감정을 나누는 존재가 아니라 재생되고 재편집되는 이미지의 주인공이다. 유진 포더는 자신에게 투영된 이미지와 실제 자신 사이의 간극을 견딜 수 없었다. 결국 마약에 손을 댔고, 여러 차례 재기를 위해 노력했으나 전성기 때의 기량을 되찾을 수 없었다.

CHAPTER IV

디지털 음악: 공간의 해방
DIGITAL MUSIC: LIBERATION OF SPACE

데이터가 된 음악

글렌 굴드는 자신의 <골트베르크 변주곡> 음반에 아쉬움을 가지고 있었다. 사망하기 바로 전 해인 1981년, 디지털 녹음이 가능해지자 글렌 굴드는 이 곡을 다시 녹음했다.

디지털 녹음 기술은 전압으로 변환된 소리 신호를 다시 0과 1로 이뤄진 데이터로 바꾸는 기술이다. 샘플 레이트 sample rate와 비트 레이트 bit rate의 개념을 이해하면 디지털 음악을 좀 더 잘 이해할 수 있다. 헤르츠 Hz를 단위로 하는 샘플 레이트는 1초당 전압의 변화를 얼마나 세분해 측정했느냐를 나타내는 개념이다. 영화에서 프레임 속도를 생각하면 이해하기 쉽다. 초당 프레임이 많을수록 움직임이 더 부드럽게 느껴지는 것처럼 샘플 레이트가 높으면 소리의 해상도가 높아진다. bps 비트/초를 단위로 하는 비트 레이트는 전압의 크기를 얼마나 정밀하게 표현하느냐와 관계가 있다. 보통 콤팩트디스크 CD 음질에 쓰이는 16비트 녹음에선 전압의 크기는 2의 16제곱인 6만5536 단계로 표현된다. 그래서 샘플 레이트는 음의 높낮이를 재현하는 정밀도를 결정하고, 비트 레이트는 음의 크기 변화의 범위를 결정하게 된다.

전기신호의 변화가 0과 1로 이뤄진 데이터로 표현되자 소리에 대한 인간의 지배력은 이전과는 비교할 수 없는 새로운 차원으로 발전했다. 여러 녹음 중에서 좋은 것을 선택하고, 소리의 순서 정도를 편집하는 것이 아날로그 기술이었다면, 디지털 기술을 사용하면서 연주의 빠르기와 음색, 공간감 같은 요소마저 편집자의 마음대로 바꿀 수 있게 됐다. 그리고 데이터가 된 음악은 네트워크를 타고 이동하기 시작했다. 아직 네트워크 인프라가 충분하게 구축되지 않았던 시절이어서 음악이 빠르게 이동하기 위해선 데이터의 크기를 줄여야 했다. 그래서 사람의 귀가 구별하지 못하는 음역대의 데이터를 삭제해서 데이터를 압축하는 기술이 발달했다. mp3, aac, flac 같은 다양한 압축 방식들이 개발됐는데, 보통 사람의 귀로는 이런 파일들 간의 차이를 발견하기 쉽지 않다. 재생 기기의 차이와 네트워크의 상황에 따라 편리한 것이 선택될 뿐이다.

데이터는 네트워크를 통해 이동할 때마다 끊임없이 복제되고 삭제된다. 블루투스 헤드폰으로 음악을 들을 때도, 휴대폰에 저장된 데이터가 무선으로 복제되어 헤드폰으로 전송된다. **블루투스는 모바일 기기 간 데이터 전송을 위해 2.4GHz 주파수를 사용하는 무선 네트워크 기술이다.** 데이터를 수신한 헤드폰은 이를 즉시 해석하여 소리로 변환한다. 이 과정에서 어떤 헤드폰은 저음을 강조하거나, 데이터 분석을 통해 음악 장르에 맞는 공간감을 더하거나 줄이는 식으로 음악을 다시 구성하기도 한다.

과거 아날로그 시스템에서는 음악이 전기신호 형태로 선을 타고 헤드폰으로 직접 전달되었다. 그러나 디지털로 데이터화된 음악은 블루투스나 와이파이, 인터넷, 5G 네트워크를 타고 수없이 복제되어 전송되고 저장된다. 블루투스 헤드폰이나 스피커와 같이 저장 기능 없이 재생만 가능한 장치는 이 데이터를 실시간으로 해석하며, 소리를 출력하는 즉시 데이터를 삭제한다. 인간의 뇌에 칩을 이식하는 기술이 현실화되기 직전 단계에서, 블루투스 이어폰을 통해 듣는 음악은 인간의 뇌에 가장 가까이 다가온 데이터다.

같은 음악을 전파에 태워서 동시에 여러 곳으로 송출하면서 방송국이 차지했던 음악에 대한 지배력은 데이터로 된 음악을 네트워크를 통해 개개인에게 쉽고 빠르게 전달해 주는 통신사나 애플^{Apple} 같은 기업으로 이동했다. 음악 감상자들은 음반을 구입하는 대신 월 구독료를 내고 이런 기업들이 제공하는 음악 데이터베이스를 사용하는 권한을 얻는다. 20세기 초부터 녹음되기 시작한 전설적인 클래식 음악들이 데이터베이스에 축적됐다. 마치 좋은 빈티지 와인이 마셔도 줄지 않으면서 창고에 계속 쌓이는 것과 같다. 이 시대의 최고 음악가들은 과거의 명인들과 경쟁해야 하고, 신예 피아니스트들은 아무리 좋은 녹음을 남겨도 늘 리히터^{Sviatoslav Richter 1915~1997 러시아의 전설적 피아니스트}와 비교된다. 리히터는 유럽 연주 여행 중에 콘서트를 연 도시마다 같은 베토벤 소나타를 연주해서 여러 녹음을 남겼다. 녹음 장소와 시간만 다른, 한 작곡가의 같은 작품을 같은 연주자가 연주한 음원들이 서로 경쟁하며 데이터 베이스에서 선택을 기다리고 있다. 우리는 이 중에서 어떤 음원을 선택해서 들어야 할까?

이제 음악을 선택하는 주체가 중요해졌다. 아이리버 같은 우리나라 회사가 세계 최고의 mp3 플레이어를 만들고도 애플 같은 회사로 성장하지 못한 이유는 음악이 데이터가 됐고, 데이터는 수없이 복제돼 네트워크 위를 떠다니다가 누군가에게 선택되어 다시 복제되고 저장될 운명이라는 것을 알아채지 못한 데 있다. 음악이 데이터가 됐다는 것을 알아챈 스티브 잡스Steve Jobs 1955-2011는 인터넷을 떠도는 음악 데이터에게 아이튠즈 iTunes라는 근사한 집을 지어줬다. 그리고 고향을 잃은 음악 파일에 원래 속해 있던 음반 이미지를 연결해 주고, 음악 감상의 주체들에게 편리함을 제공했다. 소리가 기압이던 시대에는 기압을 잘 다루기 위해 음향이 좋은 공간을 소유한 자들이 음악을 지배했다. 소리가 전압으로 표현돼 전파를 타고 이동할 때는 전기신호와 주파수를 잘 다루는 방송국이 음악을 지배했다. 그리고 소리가 데이터가 되자 이제는 데이터의 속성을 잘 다루는 자가 음악을 지배한다.

백화점과 콘서트홀:
귀족들의 문화를 중산층에게 선보이는 미디어

아무리 오랜 시간과 노력을 들여도 끝이 잘 보이지 않는 취미들이 있다. 와인과 클래식 음악 감상은 많은 사람들이 동경하는 우아한 취미지만 쉽게 시작하기 어려운 취미이기도 하다. 와인과 클래식 음악을 가르치는 클래스들이 꽤 있지만 결국엔 직접 듣고 마셔봐야 진정한 맛과 감동을 느낄 수 있다. 가장 좋은 것은 와인을 마시면서 클래식 음악을 듣는 것이고, 르네상스 이래 바로크와 고전시대에 귀족들이 이런 생활을 즐겼다. 베토벤을 포함해서 그 이전의 음악들은 귀족의 저택에서 와인을 마시면서 연주되는 경우가 많았다. 귀족의 저택 정도 규모의 공간에서는 수용할 수 없는 낭만주의 협주곡과 교향곡이 등장하면서 전문 콘서트홀이 지어지고, 리스트가 무대와 청중을 분리해서 리사이틀 홀Recital Hall이 만들어지면서 와인과 클래식 연주가 분리됐다고 볼 수도 있다. 전문 콘서트홀은 산업혁명과 1848년의 유럽 혁명의 결과로 등장했다. 콘서트홀이 만들어진 시기는 백화점이 등장한 시기와 교묘하게 겹친다. 백화점과 콘서트홀은 산업혁명으로 생산량이 급증하고 도시화가 진행되면서 새롭게 부상한 중산층의 문화 공간이자 소비 공간이었다. 중산층이 소비의 주체가 되면서 이전에는 귀족들만 사용하고 향유하던 물건들과 문화를 한곳에 모아서 유통하고 즐기는 공간으로 백화점과 콘서트홀이 만들어졌다.

1796년 런던에서 백화점의 초기 모습을 한 하딩, 하웰 앤드 컴퍼니 Harding, Howell & Co.가 문을 열었다. 다양한 상품을 한 공간에 진열해 판매하는 곳이었는데 귀족들의 전유물이었던 모피와 드레스를 만드는 천, 보석과 시계, 향수와 공예품을 판매했다. 중산층에게 귀족들의 삶이 진열된 것이다. 이 즈음에 작곡가 하이든은 영국에서 활동 중이던 바이올린 연주자이자 공연기획자인 요한 페터 잘로몬 Johann Peter Salomon 1745~1815을 만나서 영국에 오게 된다. 그리고 당시 유럽 최고의 귀족 음악을 선보이는 콘서트를 열었다. 지금으로 말하면 일종의 대중 콘서트 투어였다. 합스부르크 가문을 다스리던 마리아 테레지아 Maria Theresia 1717~1780가 재정 문제로 궁정 악단의 예산을 줄이면서 에스테르하지 Nikolaus Esterházy 1714~1790 후작의 궁정은 당시 유럽 세계에서 가장 유명한 음악 궁정이었지만, 헝가리의 시골 궁정에서 평생을 봉사하던 하이든 Joseph Haydn 1732~1809은 영국에 도착해서야 자신의 유명세를 확인할 수 있었다. 영국에서 하이든의 교향곡을 듣는 것은 상류 귀족 사회를 엿볼 수 있는 최고의 기회였던 것이다. 1791~92년의 첫 번째 투어에서 유명한 <놀람 교향곡 Surprise Symphony>을 선보여 큰 성공을 거둔 하이든은 1795년에 런던을 재방문했고 영국인들은 자신들을 위해 새로 작곡된 합스부르크가의 교향곡과 실내악, 오페라를 만날 수 있었다. 영국에 머물면서 인기를 누리던 하이든은 대중이 좋아하는 선율과 리듬을 작품에 반영했다. 두 번의 영국 방문 시기에 만들어진 12개의 교향곡은 <'런던' 교향곡 London Symphonies>이라는 이름으로 불린다. 지금도 대중적인 인기를 누리는 <시계 The Clock>, <드럼 롤 Drum Roll> 같은 교향곡이 이때 작곡됐다. 합스부르크의 우아한 귀족 문화를 접한 런던 시민들은 귀족의 음악 외에도 귀족들이 입는 옷과 보석, 향수에 관심을 갖게 됐고, 하이든이 영국을 떠나고 이듬해인 1796년에 최초의 백화점이 런던에 등장했다.

1852년엔 가격이 표시된 물건을 교환과 환불을 보장하는 조건으로 판매하는 본격적인 백화점인 봉 마르쉐 Le Bon Marché가 프랑스의 파리에 등장한다. 1875년 파리에 오페라 하우스가 세워졌고, 1893년엔 갤러리 라파예트 백화점 Galeries Lafayette이 오페라 하우스 인근에 세워졌다. 오늘날 백화점에서 가장 비싸게 팔리는 명품 브랜드들의 공방도 이 시기에 만들어졌다. 1837년엔 에르메스 Hermès가 파리에서 말안장을 만드는 공방을 열었고, 1847년엔 프랑스 왕실의 보석 세공인이었던 카르티에 Cartier가 보석 공방을 열었다. 그리고 1854년엔 루이비통 Louis Vuitton이 귀족과 중산층의 위한 여행 가방을 만들기 시작했다. 이전엔 귀족 가문에 봉사하는 이름 모를 장인으로 사라져 갔을 수공예 업자들이 자신의 이름을 건 공방을 열고 명품 브랜드로 성장하기 시작한 것이다. 1840년에 리스트는 바흐의 막내아들인 요한 크리스찬 바흐 Johann Christian Bach 1735~1782와 아벨 Carl Friedrich Abel 1723~1787이 최초의 대중 콘서트를 열었던 런던의 하노버 스퀘어 홀 Hanover Square Hall에서, 연주자와 청중의 공간을 분리하고 독립된 무대에서 피아노를 연주하는 최초의 리사이틀을 열었다. 백화점과 콘서트홀에 최고의 명품을 제공하는, 귀족사회로부터 독립한 장인과 예술가가 같은 시기에 등장했다.

중세의 성당이 인간과 신의 세계를 이어주는 미디어였다면, 산업혁명 이후 등장한 백화점과 콘서트홀은 귀족들의 세계와 새롭게 부상한 중산층을 이어주는 미디어였다. 수백 년 동안 일반인들과는 분리된 세계에 존재하던 귀족들의 물건과 문화는, 백화점과 콘서트홀이라는 새로운 공간을 통해 대중에게 공개되었다. 미디어는 언제나 더 많은 사람들을 새로운 세계를 연결하면서 기존의 질서를 대체하고, 평균화하고 표준화한다. 귀족의 개인적 취향에 따라 주문 제작되던 드레스는, 이제 표준화된 모델에 따라 미리 제작되어 가격이 정해진 채 진열됐다. 까다로운 귀족들을 만족시키던 섬세하고 예민한 스타일은 점차 사라지고, 훈련받은 중산층의 취향에 맞춰 대량 생산되는 제품이 주류를 이루게 되었다. 음악도 마찬가지였다. 귀족의 살롱에서 연주되던 우아한 실내악 대신에 수천 명을 동시에 감동시킬 수 있는 대규모 교향곡이 주류 음악으로 등장했다. 천재 작곡가들이 소수의 세련된 청중을 위해 작품을 연주하던 살롱과 무도회 대신, 대규모 콘서트홀을 장악하는 지휘자들의 시대가 열렸다. 하이든과 모차르트의 자리를 말러^{Gustav Mahler 1860~1911}와 브루크너^{Anton Bruckner 1824~1896}가 차지했다.

명품과 명곡도 이때 등장했다. 명품과 명곡은 사실 왕과 귀족들에겐 일상에서 향유하던 물건과 문화였다. 하지만 일반 대중에게는 귀족적인 삶은 선망과 동경의 대상이었고, 이 동경을 만족시키기 위해서 이전에는 없던 명품과 명곡이라는 대중적인 분류 기준이 등장했다. 귀족들의 변덕에 휘둘리지 않고, 교양 있는 중산층을 대상으로 장인과 유명한 연주자들이 만들어내는 작품들이 명품으로 포장돼 더 많은 사람들에게 확산될 수 있는 형태로 유통되고 공연되었다. 개인적인 고유성과 섬세함은 대중적 감동과 보편적 품질을 위해 희생되었다. 바흐와 쿠프랭의 우아한 기악 음악들이 말러와 브루크너의 거대한 교향곡에 가려 설자리를 잃었고, 비발디의 바이올린 협주곡은 차이코프스키의 바이올린 협주곡 앞에서 경쟁력을 잃었다. 르네상스와 바로크, 초기 고전 음악은 잊혀지고, 모차르트 정도만 간신히 살아남았다. 이런 음악들이 다시 조명을 받기 위해선 두 차례의 세계대전이 지나고, 대중들이 음반을 통해 음악을 감상하게 되는 때까지 기다려야 했다.

쿠팡과 스포티파이:
공간의 해방과 해방의 대가

백화점과 콘서트홀은 대중에게 귀족들의 세계를 연결해 주는 미디어였다. 이 공간들은 귀족들이 사용하던 물건과 문화를 중산층의 기준에 맞게 평균화하고 표준화해서, 더 넓은 계층이 새로운 세계를 접할 수 있게 만들었다. 디지털 시대의 쿠팡Coupang과 스포티파이Spotify도 유사한 역할을 한다. 이들은 모든 상품과 음악 정보를 모든 사람이 이해할 수 있는 기준에 맞춰 표준화했다. 모든 사람을 모든 상품과 연결하는 과정에서 또 많은 것들이 사라졌다. 먼저, 상품을 진열하고 고르는 오프라인 공간이 사라졌고, 상품은 이미지와 텍스트, 평점 같은 데이터로 대체되었다.

백화점에서 시각과 후각, 촉각, 미각을 동원해 경험하던 상품의 매력은 디지털 플랫폼에서는 데이터로 추상화되었다. 상품의 이름, 이미지, 가격은 상품을 표기하는 일종의 기보법이다. 공동체에서 구전으로 전승되던 음악들이 표준적인 방식으로 기보되면서 악보로 축적될 수 있었듯이,

모든 상품은 이미지와 데이터로 기보되어 쿠팡의 서버에 저장된다. 기보법이 발달하면서 표준 음정 사이의 미묘한 떨림이나 감각이 더 이상 표기되지 않은 것처럼, 쿠팡의 시스템에선 촉감이나 향, 무게 같은 상품의 매력을 결정하는 예민한 감각 정보는 표기되지 않는다. 그 자리를 다른 소비자의 댓글과 평점이 대신한다.

쿠팡은 백화점처럼 감각을 훈련하는 장소가 아니다. 상품을 고르는 안목이 부족해도, 수많은 리뷰와 별점을 참고하면 일정 수준의 만족은 얻을 수 있는 곳이다. 만족스럽지 않다면 반품하면 그만이다. 게다가 쿠팡에서 주로 유통되는 상품은 분실되거나 파손되어도 큰 손실이 되지 않는 대량생산 제품이다. 고급 상품을 보관하고 전시, 판매하기 위한 물리적 공간을 유지하는 것보다, 일정 수준의 분실률을 감수하면서 빠른 배송을 보장하는 시스템이 더 효율적이다. 섬세한 차이를 구별하기 위해선 훈련이 필요하기 때문에 표준화하기 어려운 예민한 감각정보들은 상품을 표기하는 방법에서 제외됐다. 대신 댓글과 평점이 추가됐고, 배송과 반품 시스템이 정교해지면서 물건을 사고파는 공간은 오히려 거추장스럽게 됐다. 상품을 모든 사람들에게 연결하기 위해서 예민한 감각이 필요한 정보를 제거하고, 빠른 배송 시스템을 구축한 결과 공간이 해방되었다.

백화점과 함께 콘서트홀은 감각을 훈련하는 공간이다. 콘서트홀은 음악만을 위해서 지어진 아름다운 공간에서 악기들 간의 미세한 음색과 음량의 차이를 느낄 수 있는 곳이다. 지휘자의 몸짓에 따라 변하는 오케스트라의 생동감과, 공간에 남는 잔향의 차이에 따라 다른 감동을 느끼는 섬세한 감각은 쉽게 훈련되지 않는다. 교향곡과 협주곡, 실내악과 합창음악에서 각기 다른 매력을 느끼고, 좋은 연주자를 선택할 줄 아는 고급스러운 취향은 훈련의 결과로 만들어지는 것이다. 녹음 기술이 발달하고 LP와 CD로 음악을 감상할 수 있게 된 후에, 개인의 취향이 더 중요해졌다. 같은 작품에도 다른 연주가 있다. 심지어는 한 연주자가 같은 곡을 여러 번 녹음한 경우도 있는데, 그중에서 어느 한 음반에 특별한 매력을 느낄 줄 아는 것이 취향이다. 한 번 사서 들어본 음반은 반품할 수 없다. 반품되지 않는 선택이 낳는 후회와 만족이 취향의 뿌리를 단단하게 한다.

스포티파이는 이 감상의 공간을 데이터의 흐름으로 바꾸고 공간을 해방시켰다. 스포티파이에서 음악은 장르, 분위기, 테마 그리고 사용자의 행동 패턴에 따라 분류되고 배열된다. "집중할 때 좋은 음악", "출근길 재즈", "아침을 여는 클래식" 같은 리스트가 제공된다. 작품이 가진 본질적인 매력이나 감상자의 취향이 아니라, 상황에 따라 음악이 선택되고 추천된다. 곡의 제목이나 작곡가의 이름을 알지 못해도 플레이리스트를 통해 음악을 소비할 수 있다. 백화점이 귀족들의 문화를 중산층이 구매할 수 있도록 표준화해서 상품으로 만들고 가격표를 붙인 것처럼, 스포티파이는 모든 음악을 모든 사람들이 즐길 수 있도록 음악에 취향의 표준 라벨을 붙인다.

플레이리스트로 음악을 듣는 과정에서 음악을 듣는 귀는 훈련되지 않는다. 선호하는 음악은 반복되고 감동은 짧아진다. 플레이리스트의 음악은 점점 더 균질한 패턴으로 배열된다. 복잡한 구성과 고전적 형식미를 갖춘 음악은 쉽게 '건너뛰기'되고, 짧고 감각적인 도입부를 가진 음악이 선호된다. 스포티파이는 모든 음악을 하나의 표준화된 경험으로 정렬하면서,

선택의 주체를 훈련된 귀가 아니라 알고리즘으로 대체했다. 알고리즘은 사용자의 청취 이력을 바탕으로 다음 곡을 자동으로 결정한다. 이때 중요한 것은 곡의 음악적 완성도나 예술적 깊이가 아니라, 청취자의 반응 시간과 이탈률이다. 스포티파이는 실제 연주하는 공간에서 벌어지는 미묘한 청각적인 차이와 해석의 깊이를 감별하는 소수의 까다로운 감상자들보다, 실제 공간에 무감각한 평균적인 사용자를 기준으로 음악 감상의 취향을 데이터화한다. 공간은 해방되었지만, 요구되는 감각은 축소되었고 안목을 키우는 것은 점점 더 어려워지고 있다.

쿠팡과 스포티파이는 디지털 혁명과 네트워크화가 만들어낸 초연결 사회에서 새로운 소비와 감상의 공간이 되었다. 백화점과 콘서트홀은 귀족 문화를 대중에게 열어준 물리적 공간이었지만, 쿠팡과 스포티파이는 데이터를 기반으로 소비자와 상품, 판매자를 연결하는 디지털 플랫폼이다. 이들의 공통점은 모든 상품과 문화를 데이터베이스에 담아서 네트워크를 통해 누구나 접근할 수 있게 만들었다는 것이다. 공간을 직접 찾아가 눈으로 보고 경험하던 시대가 지나고 있다. 디지털 플랫폼들은 물리적 공간을 대체하면서 빠르게 성장하고 있다. 하지만 백화점과 콘서트홀이 담당했던 고급스러운 취향을 훈련하는 공간으로서의 역할은 쿠팡과 스포티파이로는 대체될 수 없다.

상상력과 호기심:
데이터 감수성

이제 음악은 공간을 점유하지 않고도 인간 뇌의 바로 앞까지 데이터의 형태로 전송된다. 콘서트홀의 울림과 현의 진동은 비트 레이트와 샘플 레이트라는 단위로 변환되어 서버에 저장되고, 장르와 분위기, 청취자의 행동 패턴에 따라 분류된다. 음악은 복제되고 전송되며, 감상자의 성향에 따라 다르게 배열되고 해석된다. 이 과정에서 인간에게 음악을 전해주는 미디어가 바뀌었을 뿐 아니라, 감각을 훈련하는 방법 자체가 사라졌다. 데이터가 된 음악을 재생하면서 우리는 청각 외에 다른 감각을 사용하지 않는다. 연주자와 나 사이의 공간에서 벌어지는 긴장과 여백을 느끼려고 하지도 않는다. 그래서 데이터가 된 음악을 감상하기 위해선 상상력이 필요하다. 데이터베이스에 저장된 음악을 듣는 것은 악보를 읽는 것과 비슷하다. 악보가 대량 인쇄되어 유통되면서 원래 연주되던 공간을 떠난 음악은 자유로운 해석의 대상이 되었다. 음악은 읽고 해석하는 것이 되었고, 같은 음악을 다르게 해석하는 스타일리스트들이 생겨났다. 공간에서 해방되어 데이터가 된 음악은 메타데이터Metadata라는 기보법으로 쓰여진 악보와 같다. 이 새로운 악보를 해독하기 위해선 청력이 아니라 상상력이 필요하다. 작품이 쓰여진 시기와 장소, 연주한 악단에 대한 호기심과 데이터에 대한 감수성이 음악 감상에 생동감을 불어넣는다.

이제 음악을 듣는 것은 단지 소리를 재생하는 것이 아니라 거대한 음악 데이터베이스 속에서 일종의 '해독'을 시도하는 일이 되었다. 바흐의 작품을 시대악기로 연주한 버전으로 듣기 위해서 안드라스 쉬프András Schiff 1953~의 녹음을 선택하는 것은 그 자체로 음악을 해석하는 일이다. 현대의 음악 감상자는 메타데이터를 단서로 자신만의 감상의 무대를 상상 속에서 구성할 수 있다. 감상자는 이제 '연결된 공간'이 아니라 '상상된 공간'에서 음악과 마주한다. 이 공간은 실제 공연장에서보다 더 정교한 해석 능력과, 정보를 조합해서 의미를 구성해 내는 상상력과 감수성을 요구한다. 데이터화된 음악이 낯설고 차갑게 느껴진다면, 우리가 아직 이 새로운 악보를 읽는 법을 배우지 못했기 때문이다.

베토벤의 <전원 교향곡Symphony No. 6 in F major, "Pastoral">을 들으며 초여름의 들길을 걷고, <템페스트 소나타Piano Sonata No. 17 in D minor, Op. 31, No. 2, "Tempest">를 폭풍우 치는 해변에 앉아 감상할 수도 있다. 데이터가 되어 공간의 제약에서 해방된 음악은 이제 스마트폰과 블루투스 이어폰, 그리고 적절한 상상력만 있으면 작곡자가 음악을 구상하던 창조의 시공간으로 우리를 데려가 준다. 콘서트홀이 물리적 공간에서 감각을 훈련하던 장소였다면, 디지털 시대의 음악 감상은 감각 대신 상상력을 훈련한다. 유럽 여행 중에 스페인의 수도원에선 모랄레스Cristobal De Morales 1500~1553 스페인의 미사곡을 듣고, 베네치아에선 몬테베르디Monteverdi 1557~1643의 마드리갈을 들을 수 있다. 남

프랑스의 프로방스를 여행 중이라면 음유시인이었던 기욤 드 마쇼의 다성 음악을 감상하면서 랑그도크[Languedoc '오크어'란 뜻. 남 프랑스의 음유시인들은 오크어로 노래를 짓고 불렀다] 와인을 마실 수도 있다. 그리고 굳이 그곳에 가지 않더라도 그 음악을 감상하며 그곳에 가 있는 나를 상상할 수도 있다.

디지털 음악 아카이브와 메타데이터:
데이터 감수성을 위한 첫걸음

데이터 감수성은 감정을 느끼는 능력이 아니라, 데이터를 구성하는 구조를 이해해서 데이터를 내게 필요한 감각 정보로 바꾸는 능력이다. 데이터 감수성을 키우기 위해선 디지털 음악 아카이브의 구조와 메타데이터 체계에 대한 지식이 조금 필요하다.

디지털 세계에서 하나의 파일이 고유하게 존재하려면, 다른 파일과 구별할 수 있는 식별 정보인 메타데이터가 필요하다. 음악 데이터의 경우, 이 메타데이터는 사람의 주민등록증에 기록된 정보처럼 각 음악 파일의 이름이 무엇이고, 누구의 어떤 작품이며 어떤 버전인지를 알려준다. 대중가요와 팝송의 경우 필요한 메타데이터는 아주 단순하다. 보통 제목과 가수^{연주자} 만으로 곡을 식별할 수 있다. 동일한 제목의 곡이 존재하더라도 연주자 이름이 다르면 다른 곡이다. 간혹 같은 연주자가 같은 곡을 여러 번 녹음한 경우가 있는데 이때는 곡의 길이를 비교해 보면 대부분 구별이 가능하다. 그래서 가요와 팝송의 경우엔 제목, 연주자, 길이라는 세 가지 메타데이터만 있으면 곡의 식별이 이루지고 주민등록번호 같은 고유 번호를 발급해 줄 수 있다.

그러나 클래식 음악을 녹음한 파일을 구별하고 식별하는 체계는 완전히 다르다. 하나의 작품을 수많은 연주자가 연주한다. 심지어는 한 연주자가 같은 곡을 여러 해에 걸쳐 여러 번 녹음하기도 한다. 글렌 굴드는 바흐의 <골트베르크 변주곡>을 공식적으로 두 번 녹음했고, 굴드 외에도 수많은 피아니스트가 이 곡을 녹음했다. 이 곡은 하나의 아리아와 30개의 변주곡으로 되어 있는데, 마지막에 첫 번째 아리아를 반복해서 연주한다. 음악 데이터베이스에 <골트베르크 변주곡>이라는 제목과 '글렌 굴드'라는 이름으로 이 곡을 검색하면 두 개의 아리아와 30개의 변주곡이 각각 2개씩 보인다. 굴드가 이 곡을 두 번 녹음했기 때문이다. 이 중에서 아날로그 방식으로 녹음한 첫 번째 녹음에서, 시작하는 아리아를 듣고 싶어 하는 음악 애호가들이 많다. 이 파일을 찾기 위해선 음반을 녹음한 해가 메타데이터로 기록되어 있어야 하고, 음반에 수록된 트랙 번호도 필요하다. 그런데 스포티파이 같은 클래식 음악 전문 아카이브로 시작한 글로벌 서비스가 아닌 국내의 음악 서비스에선 이런 정보들이 누락되어 있는 경우가 많다.

클래식 음악은 기본적으로 아래와 같은 메타데이터를 갖고 있다.

작곡가명 (예: J.S. Bach)
작품명 (예: Goldberg Variations)

- 작품 번호 (예: BWV 988)
- 연주자명 (예: Glenn Gould)
- 장르 (예: Solo piano, Orchestra, etc.)
- 녹음 연도/공연 일시
- 트랙 번호/악장 번호 (특히 교향곡이나 소나타처럼 악장이 나뉘는 경우)
- 출판/배급사 정보 (예: Sony Classical, Deutsche Grammophon 등)
- 음반 이미지

이런 복잡한 메타데이터를 보면 클래식 음악이 왜 어렵게 느껴지는지 이해가 된다. 하지만 이 데이터들이 악보를 읽는 법을 배우는 시간만큼 긴 시간과 노력을 요구하지는 않는다. 지리 시간에 방위와 등고선을 배우고 지형과 건물을 표시하는 몇 가지 기호를 익히고 나면, 모르는 곳에 가도 지도와 나침반을 가지고 쉽게 길을 찾을 수 있다. 디지털 공간에서 원하는 음원 파일을 찾는 방법도 이와 비슷하다. 길을 찾는데 익숙해지면 주변의 풍경도 보이고, 지나는 길에 맛집을 들를 수도 있다.

데이터 감수성:
생략된 감각을 복원하는 힘

이제 우리는 수많은 이미지, 음원, 별점과 댓글로 채워진 디지털 세계 속에서 살아간다. 음악은 파일이 되었고, 상품은 사진이 되었으며, 취향은 알고리즘이 추천한 리스트로 대체된다. 디지털 플랫폼들은 우리의 선택을 간편하게 해주지만, 과연 우리는 우리가 진정으로 좋아하고 매력을 느끼는 것들을 선택하며 살고 있는 것일까? 선택의 피로는 줄었지만, 선택에 필요한 감각은 퇴화되고 있다. 무엇이든 최소한의 감각을 동원해서 편리하게 처리할 수 있는 이 상황이 불편하다. 이 불편함마저 사라지기 전에, 내가 진정 좋아하는 일을 선택할 수 있는 능력을 회복해야 한다.

영화 <매트릭스 The Matrix 1999>에서 주인공 네오 Neo는 어느 날, 초록빛으로 흐르는 0과 1의 데이터 코드 속에서 현실의 구조를 꿰뚫어 보기 시작한다. 각성한 그 순간부터 그는 더 이상 가상의 이미지에 속지 않는다. 적과 총알 그리고 자신을 둘러싼 모든 세계가 데이터로 구성되어 있다는 것을 감각적으로 인식하게 된다. 숫자들은 더 이상 추상적인 기호가 아니라, 사물의 본질을 드러내는 감각적 패턴으로 읽힌다. 하지만 이 각성은 저절로 주어진 것이 아니다. 반복되는 실패와 고통을 통해 세계의 구조를 이해하고 자신의 감각을 다시 복원해야만 했다. 네오는 모피어스Morpheus와 함께 피나는 훈련을 한다. 하지만 각성은 단지 반복 훈련의 결과로 주어지는 것이 아니다. 그가 자신이 믿어온 세계를 의심하고 두려움을 넘어서 새로운 현실을 상상하고 그것을 받아들일 용기를 가졌을 때, 그는 비로소 데이터 속에서 현실의 본질을 감각할 수 있게 되었다. 감각은 훈련으로 길러지지만, 각성은 상상력과 용기의 문제다.

추상화되고 표준화된 데이터를 다시 감각적으로 재구성하는 능력이 필요하다. 음악은 기보되고 녹음된 후 결국엔 디지털 데이터가 되는 과정에서, 음악이 태어나는 순간의 간절함을 상실했다. 음악은 원래 태어나자마자 사라지는 것이다. 음악은 인간의 삶처럼 돌이킬 수 없는 시간 속에 존재한다. 돌이킬 수 없기 때문에 소중하고 아름다운 것이 음악이다. 이제 음악 감상자는 상상력을 통해 사라진 삶의 감각을 되살려야 한다. 데이터가 되어버린 이 아름다운 예술의 본질을 복원하기 위해서, 우선 음악을 감상하는 우리의 감각이 복원돼야 한다. 데이터가 되어 네트워크를 타고 떠도는 음악은, 매 순간 생의 마지막 순간을 살고 있는 인간의 시간에 대한 감수성으로만 복원된다.

데이터 감수성이란, 압축되고 표준화된 데이터 속에서, 생략된 감각을 상상력으로 복원하는 힘이다. 데이터 감수성이 필요한 이유는 감각을 통해 개인의 취향을 훈련해서 우리가 진정으로 매력을 느끼는 물건을 사고, 음악을 감상하며 살기 위해서다. 인간은 모든 감각을 동원해서 시간을 붙들고 산다. 죽음을 앞둔 사람들에겐 지는 저녁노을과 들꽃들의 연약함이 안타깝다. 뺨을 스치는 봄바람도 여름의 후덥지근한 습기도 모두 소중하다. 한 달만 더 이 감각을 느끼고 살 수 있으면 전 재산을 바칠 사람들도 있다. 사람의 감각은 3차원의 공간만을 감지하고 살도록 진화됐다. 시간이 흐르는 것을 느끼는 감각이 없는 인간은 모든 감각을 쥐어짜내야 매 순간 사라지는 내 삶의 순간을 제대로 느끼고 살 수 있다. 모든 예술 가운데 음악만이 사라지는 순간을 소리로 느끼게 해준다. 취향은 이 모든 순간에서 나를 사로잡는 매력을 발견하는 능력이고 훈련을 통해 길러진다.

음악은 미디어의 발전과 함께 더 정교하게 기록되고, 정밀하게 복제되었다. 그 과정에서 음악의 본질을 깨닫게 해주는 많은 감각들이 생략되었다. 하지만 감각이 추상화되고 표준화되면서 많은 것이 생략된 덕분에 새로운 자율성도 생겨났다. 악보를 읽는 연주자는 정해진 음과 박자 안에서 자신만의 스타일과 해석을 창조할 수 있게 되었다. 인쇄된 악보는 모든 연주자에게 같은 정보를 제공하지만, 좋은 연주자는 그 정보들 사이로 흐르는 자신만의 시간을 읽어낸다. 지는 저녁노을과 들꽃들의 연약함, 뺨을 스치는 봄바람과 여름의 후덥지근한 습기가 그의 연주에서 살아난다. 전압의 변화로 기록된 음악을 다루는 음향 엔지니어는 그 신호 속에서 공연장의 열기를 느끼고 소리의 질감과 현장의 공기를 복원할 수 있다. 고음과 저음, 공간감과 음색의 균형을 조율하는 엔지니어는 전기로 기록된 악보를 상상력으로 해독하는 또 다른 연주자다.

공간의 해방과 음악적인 삶

진지한 클래식 음악을 듣기 위해 공연장을 찾는 청중은 군중이 아닌 개인이다. 갑자기 터져 나오는 기침을 결사적으로 참아야 하는 이유는 다른 사람들이 모두 자기 자신과 음악의 관계에 몰두해 있기 때문이다. 공연 시작 전이나 인터미션 시간에 로비에 삼삼오오 모여 있는 사람들은 대부분 크고 작은 흥분상태에 있는데, 사실 이 흥분의 근원은 음악과 공연에 대한 기대나 감동이라기보다는 오랜만에 자기 자신과의 공식적인 독대를 앞두고 있기 때문이다. 잘 지어진 공연장에서 좋은 오케스트라의 연주로 듣는 베토벤의 교향곡은 훈련되지 않은 청중들도 숨죽이게 만든다. 하지만 같은 곳에서 쇤베르크Arnold Schoenberg 1874~1951를 듣는 이유는 무엇인가? 음악 경험의 본질은 음악을 통해 개인인 자기 자신을 만나는 것이다.

클래식 음악을 듣는 일에 훈련되었다는 것은 연주보다는 그 연주에 반응하는 나 자신을 주의 깊게 바라볼 수 있다는 뜻이다. 악보를 해석하는 연주자가 연주에 자신만의 고유한 시간을 담아내듯이, 그 연주를 듣는 사람은 연주와 함께 흐르는 자기 자신만의 시간을 바라본다. 베토벤의 말년 작품들은 명백히 그 연주를 듣게 될 사람들보다는 베토벤 자기 자신에 집중한 결과다. 이 작품들은 훈련된 감상자들을 곧잘 초월적인 세계로 인도한다. 그곳에서 감상자들은 자신의 영혼을 만난다. 음악 작품은 단지 매개체일 뿐이다. 음악은 매 순간 사라지고 있는 시간 속에서 나 자신과 만나기 위한 도구로써 나를 위해 봉사한다.

이제 음악은 공간에 얽매이지 않는다. 스마트폰과 블루투스 이어폰만 있으면 어디서나 음악을 감상할 수 있다. 지하철 안이나 혼자 걷는 밤길에서도 음악은 내 삶의 배경이 되고 리듬이 된다. 음악을 감상하는 나는 음악이 흘러가는 그 시간 속에서 내 삶을 바라보는 존재가 된다. 소리를 듣지 못하게 된 베토벤이 아무리 시끄러운 공간에서도 음악을 구상하고 작곡할 수 있었던 것처럼, 오늘날의 우리는 어디에서나 음악을 들을 수 있게 되었다. 공간이 해방되면서 진정 음악적인 삶이 시작됐다.

음악 감상은 음악을 듣고 있는 나 자신을 바라보는 지적 활동이며, 시간의 흐름을 지켜보는 일이다. 음악이 아름다운 것은 내가 살아있는 지금 이 순간이 이미 찬란하게 아름답기 때문이다. 음악은 다만 그 순간들이 끊임없이 사라지면서 다시 태어나고 있다는 진실을 드러내고 있을 뿐이다. 아름다운 음악을 듣는다는 것은 그 음악이 나의 시간의 진실을 아름답게 드러내 주는 것을 지켜보는 일이고, 음악이 주는 감동이란 매 순간 사라지고 다시 태어나는 나의 시간의 진실을 마주하면서 느끼는 떨림이다. 음악이 주는 감동이 사람마다 다른 이유는 사람마다 각기 다르게 시간을 느끼고 살아가기 때문이다. 아! 이토록 아름다운 음악에 끝이 있다니.

CHAPTER V

인공지능
ARTIFICIAL INTELLIGENCE

축적된 데이터를 학습하는 인공지능:
확률로 쓰이는 음악

음악은 이제 창작의 고통 속에서 태어나지 않는다. 기압의 변화로부터 시작해, 전압의 파동으로 녹음되고, 디지털 신호로 추상화된 음악은 데이터가 되었다. 세상의 거의 모든 음악이 데이터가 되면서 리듬과 선율, 화성과 형식 그리고 음악을 해석하는 방식까지 정량화됐다. 인공지능은 이 방대한 데이터 속에서 패턴을 추출하고, 유사한 흐름을 수학적으로 계산해낸다. 인간이 고통을 극복하고 유한한 삶의 시간을 자양분 삼아 재능과 훈련을 통해 터득한 감각 대신, 인공지능은 통계적 학습으로 음악을 이해한다. 음악은 이제 영감 속에서 태어나지 않고, 확률로 계산된 가능성들의 조합으로 생성된다.

인공지능 작곡 모델은 입력된 데이터 속의 수많은 악보와 음악파일, 메타데이터와 음원의 파형들을 분석한다. 그리고 스타일이나 감성, 연주 방식을 확률적으로 계산한다. 다음 화성은 어떤 방향으로 진행될 가능성이 가장 높은가? 이후의 리듬은 어떻게 전개될 확률이 높은가? 인공지능은 수많은 사례를 통해서 도출된 통계와 확률을 기반으로 앞으로 생성할 음악을 계산한다. 중세부터 현대 음악까지 악보와 음악파일을 학습한 인공지능 작곡 시스템은 우리가 원하는 스타일과 감정, 형식에 맞춰 이전에 없던 음악을 만들 수 있다. 모차르트 스타일의 힙합이나 바그너 스타일의 현악사중주도 생성해 낸다. 이 음악들은 단순한 모방의 수준을 넘어서 원작자의 개성과 감정을 담아낼 정도로 매끄럽다. 하지만 인공지능은 감정을 표현하거나 듣는 사람들을 감동시키기 위해서 음악을 만들지 않는다. 이전에 없던 새로운 음악을 만드는 것도 인공지능의 목표는 아니다.

바둑과 음악

이세돌^{Lee Sedol 1983~} 9단과 알파고^{AlphaGo}의 대결 후에 일어난 일들을 살펴보면 인공지능이 인간의 창의적 영역에 어떤 영향을 미칠 것인지 어느 정도 예측할 수 있다. 이세돌과 알파고의 대결 이후, 바둑계는 인공지능의 영향 아래 재편되었다. 이제 정상급 프로 기사들도 인공지능과의 대국에선 2점을 미리 놓고 바둑을 둔다. 초반 포석과 진행은 확률 게임이고 사람의 창의성이 개입할 여지가 없다. 중반 이후 수 싸움이 치열해지고 비슷한 확률의 수들 사이에서 선택의 가능성이 생기면 드디어 프로기사들이 실력을 발휘할 순간이 온다. 상상력과 개성이 지켜보는 재미를 만들어낸다. 작은 확률에 승부를 걸고 모험을 펼치는 것이 사람의 매력이다. 비록 이런 모험들이 인공지능을 상대로는 승률을 장담할 수 없는 것이 확인되었지만, 이세돌은 알파고와의 세 번째 승부에서 결행한 78번째 수로 바둑 역사에 이름을 남겼다. 인공지능은 바둑 기사들이 상상하지 못했던 수들을 보여주고, 프로 기사들은 그 수를 분석하며 새로운 전

략을 만들어간다. 인공지능과의 대결에서 승리하진 못해도, 여전히 사람은 바둑을 둔다.

바둑은 승부를 가리는 스포츠다. 미리 정해진 각본 없이 정해진 룰에 따라 두 대국자가 한 수씩 주고받는다. 음악이 악보로 기록되듯이 바둑 대국도 기보된다. 수와 수 사이의 시간과 바둑판 위에 돌을 놓기까지 기사의 고뇌는 기록되지 않지만 바둑판 위에 검은 돌과 흰 돌의 위치는 놓인 순서와 함께 기록된다. 이런 점에서 바둑의 기보는 그레고리오 성가를 기록한 네우마와 닮았다. 네우마는 정확한 음정과 음과 음 사이의 박자는 기록하지 않지만 음이 움직이는 방향은 가사와 함께 기록한다. 음악처럼 바둑의 시간도 돌이킬 수 없다. 일수불퇴一手不退. 한 번 놓인 돌은 되돌리지 못한다. 인공지능에게 승리할 수 없어도 사람들이 여전히 바둑을 두는 이유는 바둑이 인간의 삶을 웅변하기 때문이다. 순간순간 선택해야 하고 한 번 선택하고 결정한 것은 돌이킬 수 없다. 이런 이치를 깨달은 고수들이 바둑판 앞에 마주 앉아 수를 주고받는 것을 수담手談이라고 하는데, 그레고리오 성가 중에 독창자와 성도가 시편의 시를 서로 주고받는 안티폰antiphon을 연상케 한다. 인공지능 시대에도 바둑을 지켜보는 사람이 많은 이유는 바둑이 실제 시간에서 일어나고 있는 승부이기 때문이다. 이미 여러 번 대국을 펼쳤던 라이벌 대국자의 승부를 또 지켜보는 것은, 이미 여러 번 들었던 베토벤의 교향곡을 듣기 위해 콘서트홀을 다시 찾는 이유와 비슷하다.

그리고리 소콜로프가 라이브 공연만을 고집하며, 음반 발매를 최소한으로 유지하는 이유가 여기에 있다. 연주자와 청중이 한 장소에 함께 있고,

마이크와 스피커로 소리가 증폭되지 않는 조건에서만 음악은 인공지능에서 자유롭다고 인정받을 것이다. 편집이 가능한 마그네틱 테이프 녹음이 쓰이기 전에 녹음된 찰리 파커의 SP 음반이 추상표현주의 작가의 그림만큼 가치 있는 이유도 마찬가지다. 매 순간 사라져 가는 시간을 배경으로, 돌이킬 수 없는 단 한 번의 순간을 기록한 것들이 가치를 가진다. 악보가 만들어지고 녹음이 가능해지면서 연주자와 듣는 사람의 공간이 분리됐다. 악보를 해석하고, 녹음된 음반으로 음악을 듣게 되면서 이미 예정되어 있던 일들이 우리가 살고 있는 시대에 벌어지고 있다. 연주되는 순간을 청중이 직접 경험하지 않는 모든 음악은 앞으로 인공지능과 경쟁해야 한다. 그리고 수와 수 사이에 존재하는 긴장과 고뇌의 시간을 기록하지 못하는 바둑의 기보도 인공지능으로 대체된다.

보니 엠과 e스포츠

무대와 청중이 분리된 후 가장 흥미로운 방식으로 세계적인 인기를 끈 그룹이 1970년대 후반부터 활동했던 디스코 그룹 보니 엠Boney M이다. 서독의 프로듀서이자 싱어송라이터인 프랭크 파리안Frank Farian 1941~은 자신이 작곡한 곡을 직접 불러서 녹음했다. 스튜디오에서 저음 부분과 가성을 쓴 코러스를 모두 혼자 노래해서 만든 음악이었다. ―코러스 부분은 무명 가수들이 불렀다는 이야기도 있다― 이 노래가 라디오 방송에서 인기를 얻자 파리안은 TV에 출연해서 공연할 그룹을 만들기로 한다. 파리안은 남자 댄서와 모델 출신의 여자 가수 그리고 자메이카 출신의 여자 가수 2명을 모집했고, 그럴듯한 흑인 디스코 그룹이 탄생했다. 1976년에 보니 엠의 첫 앨범이 발매되었다. 이 앨범에서는 파리안 외에도 보니 엠에 합류한 자메이카 출신 가수들이 함께 노래를 불렀다. 이 앨범 이후 보니 엠의 싱글과 앨범들은 큰 히트를 기록했고 세계적인 그룹이 된 보니 엠은 엘튼 존Elton John 1947~과 더불어 소련을 방문한 몇 안 되는 그룹이 됐다. 나중에 남자 댄서와 모델 출신 여자 가수는 녹음에 참여하지 않았다는 사실이 알려졌어도 당시 대중은 이 사실을 중요하게 여기지 않았다. 중요한 것은 매력적인 무대와 넘치는 에너지, 그리고 그들이 보여준 음악적 분위기였다.

보니 엠의 사례는 인공지능 시대에 대중음악 시장에서 어떤 일들이 벌어질지 미리 보여준다. 바둑에서 인공지능의 사용이 보편화된 것처럼, 앞으로의 음악은 점점 더 많은 부분을 인공지능에 의존할 것이다. 작사, 작곡, 편곡, 보컬, 연주까지 인공지능이 생성할 수 있는 시대이고 발 빠른 음악가들은 이미 인공지능을 사용하고 있다. 누구나 감각과 아이디어만 있으면 연주자를 고용하고 스튜디오를 임대하지 않고도 손쉽게 음악 파일을 생성할 수 있다. 르네상스 시대의 다성 합창 음악은 바로크 시대로 접어들면서 연주자를 훈련하기 쉬운 기악 음악으로 대체됐다. 마이크와 스피커가 발전하고 전자 음악이 등장하자, 연주 실력이 명인의 경지에 다다른 그룹들이 밀려나고, 단순한 기타 코드 몇 개만 연주할 줄 아는 미소년 그룹 밴드들이 등장해서 신나는 리듬과 화려한 무대 매너로 대중에게 인기를 얻었다.

마이크와 카메라, 스피커와 스크린이 공연과 청중 사이의 시간과 공간을 분리한다. 그리고 분리된 공연과 청중 사이를 미디어가 연결하면서 인공지능이 개입할 수 있는 통로가 만들어졌다. 이제 이런 분리가 발생하는 곳에선 사람이 인공지능과 경쟁하게 되었다. 마이크와 카메라, 스피커와 스크린은 공연과 승부의 현장을 복제 가능한 데이터로 바꾼다. 이 데이터는 생생한 감각을 증폭시켜 더 많은 청중에게 전달하기도 하지만 동시에, 무대를 측정 가능하고 예측 가능한 공간으로 만든다. 무대 위에서 벌어지는 모든 활동이 인공지능의 분석 대상이 되고 승부와 창작의 현장이 디지털화되면서, 사람은 이제 인공지능과 직접 경쟁하게 됐다. 스튜디오와 무대 위의 모든 데이터를 학습한 인공지능을 사용하면 녹음 스튜디오를 거치지 않고 음악이 생성된다. 방송과 녹음은 스튜디오의 무대 앞에서 청중을 사라지게 했고, 인공지능의 등장으로 이제 스튜디오도 사라져 간다.

특히 승부가 네트워크 위에서 실시간으로 펼쳐지는 e스포츠에서는 인공지능의 개입 여부가 중요한 문제가 된다. 실제로 알파스타AlphaStar는 스타크래프트 IIStarCraft II에서 프로게이머들을 상대로 압승을 거두었고, 오픈 AIOpenAI의 파이브Five는 도타 2Dota 2의 세계를 재편했다. 이제 비공식 경기에서 상대방이 터무니없이 강하다면, 그가 인공지능일 가능성도 염두에 두어야 한다. 스포츠에서 도핑 테스트가 있듯, 앞으로는 장비에 AI 튜닝이 적용되었는지 확인하고 게임 로그 기록을 사후 분석하는 절차가 표준이 될 수도 있다. 인공지능의 대역이 등장할 수도 있다. 마이크와 스피커를 사용하는 현대의 대부분의 공연은 청중에게 음향의 실체를 노출하지 않는다. 음성은 증폭되고 변형돼서 전달되고, 시각적 퍼포먼스가 감각의 중심을 차지한다. 이런 조건 아래에서는 인간과 인공지능의 경계를 청중이 체감하기란 점점 더 어려워질 것이다. 보니 엠처럼 인공지능이 만든 음악을 실제 무대에서 구현할 수 있는 매력적인 퍼포머가 등장하기에 더없이 좋은 환경이다. e스포츠에선 인공지능의 대역끼리 결승전을 진행할 수도 있다. 쇼가 되어버린 프로레슬링처럼 극적인 승부가 연출될 수도 있다. 이 모든 것은 이미 가능하다. 다만 우리가 그것을 받아들일 준비가 되어있는지가 문제다. 무대 위의 가수와 선수가 인간인지 가상 퍼포머인지 구별하기 힘들게 될 때, 음악과 승부의 본질은 '누가 하고 있느

냐'가 아니라 '누구를 감동시켰는가'로 옮겨간다.

<유리알 유희>와 인공지능

인공지능은 창작하지 않는다. 대신 이미 존재하는 수많은 데이터를 학습하고 그 안에서 패턴을 찾아내서 사용자가 프롬프트로 지정한 스타일과 분위기, 감성과 유사한 조합을 생성해낸다. 인공지능은 창조하기보다는 배열하고, 표현하기보다는 조합한다. 이 점에서 인공지능은 헤르만 헤세Hermann Hesse 1877~1962의 소설 <유리알 유희Das Glasperlenspiel The Glass Bead Game>에 나오는 유희 명인과 닮아 있다. <유리알 유희>는 1943년에 헤르만 헤세가 25세기를 배경으로 쓴 소설이다. 헤세는 이 소설로 노벨 문학상을 수상했다.

헤르만 헤세의 소설 <유리알 유희>는 먼 미래의 이상국가 '카스탈리엔'을 배경으로 한다. 카스탈리엔Castalian은 교육과 정신적 수양을 최고의 가치로 삼고 있는 나라다. 주인공 크네히트Knecht는 이 순수 정신의 공동체에서 음악을 통해 깊이 있는 명상을 하며 성장한다. 그는 예술적 감수성과 탁월한 연주 능력을 인정받아 음악 명인이 되지만, 음악이라는 예술이 보다 큰 질서와 구조 속에서 작동하고 있다는 것을 깨닫는다. 음악의 아름다움이 특정 순간의 표현이나 창작된 선율에 있는 것이 아니라, 그것들이 서로 관계 맺는 방식에 있다는 것을 알게 된 그는 결국 '유희 명인 Magister Ludi'이 된다. 유리알 유희는 일종의 기호 조합 게임이다. 음악, 수학, 철학, 문학, 과학의 개념들을 추상화된 기호로 바꾸어, 그 기호들을 조합하고 배열해서 형이상학적 아름다움을 구현하는 지적 놀이다. 그래서 유희 명인은 더 이상 새로운 예술을 창작하지 않고, 이미 존재하는 위대한 작품들을 재료로 그 작품들이 가지고 있는 구조적인 아름다움을 새로운 방식으로 조합해서 아름다움과 의미의 지도를 그린다. 크네히트가 도달한 유희의 세계는 이미 존재하는 음악, 수학, 철학, 천문학의 요소들을 하나의 형식 속에서 조화롭게 연결하고 배열해서 새로운 만족과 통찰을 만들어내는 세계다. 중요한 것은 창작 자체가 아니라 조합의 방식이고, 그 조합이 만들어내는 지적 감동이다.

인공지능은 사람이 입력한 프롬프트에 따라 이미 존재하는 것들을 조합하기 위해 수많은 가능성을 계산한다. 그리고 그중에서 의미를 만들 확률이 가장 높은 것을 선택해서 조합한다. 유리알 유희 명인이 자신의 유희 결과를 감상하는 것처럼, 프롬프트를 작성한 사람은 그 결과를 감상하고 판단한다. 인공지능의 등장과 함께 예술이 창작이 아닌 조합의 문제로 바뀌면서, 작품을 만드는 사람의 노력이나 천재성보다 그 작품이 누구에게 감동을 주며, 누가 감상하는지가 중요해졌다. 유희 명인은 오랜 수련을 통해 자신이 조합한 유희의 구조를 깊이 이해하고, 그것이 지닌 미학적인 의미를 통찰한다. 크네히트는 유희 명인이 되기 전, 음악 명인이 되기 위해 수많은 악보를 분석하고 작곡가들의 의도를 해석하며 오랜 시간을 수련했다. 음악이 품고 있는 구조적 아름다움을 이해하기 위해 깊이 있게 훈련한 결과 유희 명인의 길로 나아갈 수 있었고, 스스로 조합한 유리알의 아름다움을 감상할 수 있었다. 하지만 인공지능은 조합할 뿐, 그 조합이 무엇을 의미하는지 감상하지 못한다. 인공지능이 내놓은 작업의 결과는 종종 아름답지만, 인공지능은 스스로 그 아름다움이 무엇에서 비롯되었는지 설명하지 못한다.

해체되는 무대와
창작의 공간

연기자와 연주자가 사라진 무대 없는 공연의 시대가 열리고 있다. 녹음과 방송 기술이 발전하면서 무대와 청중은 마이크와 스피커를 매개로 만난다. 이때부터 무대 앞의 청중은 스피커 앞의 음악 감상자로 바뀌기 시작했다. 손쉬운 디지털 편집이 가능해지자, 연주자와 엔지니어가 모두 만족할 때까지 반복되던 녹음은 컴퓨터로 불완전한 부분을 보완하는 후반 작업으로 대체됐다. 그 결과 청중과 함께 하는 무대 대신 외부와 고립된 스튜디오가 예술가의 작업 공간이 됐다. 하지만 이제 인공지능은 그 스튜디오마저 없애버렸다. 더 이상 창작을 위한 복잡한 전문 장비와 녹음 기술이 필요치 않다. 아이디어와 감각을 언어로 입력할 수만 있으면 누구나 인공지능과의 대화를 통해 창작자가 될 수 있다. 창작의 진입장벽이 낮아지면서 누구나 예술가가 될 수 있는 시대가 되었지만, 동시에 전통적인 의미의 창작자마저 사라졌다. 이제 음악을 들으며 연주자의 의도와 감정을 짐작하는 것은 무의미하다. 감상자가 듣는 것은 실제 연주자의 영혼과 감정이 아니라, 창작자와 인공지능 사이에 주고받은 프롬프트와 선택과 폐기의 반복이 생성해낸 결과물이다.

녹음 스튜디오는 마이크, 믹서, 프리앰프, 오디오 인터페이스, 모니터 스피커, DAW_{digital audio workstation} 같은 장비들로 채워진 공간이다. 가수나 연주자가 마이크 앞에서 연주하거나 노래하면, 그 소리는 전기 신호로 변환돼 오디오 인터페이스를 거쳐 컴퓨터로 들어간다. 그리고 이제 일반 감상자들은 모르는 지난한 작업이 시작된다. 프로듀서와 엔지니어는 음을 잘라내서 붙이고 길이를 조정한다. 불필요한 노이즈는 제거되고, 음정은 보정되며, 보컬의 숨소리는 박자에 맞춰 조정된다. 리버브와 딜레이로 잔향을 더하고, EQ로 주파수를 다듬으며, 컴프레서로 다이내믹을 조절한다. 한 음반이 완성되기까지 수십, 수백 개의 트랙이 켜켜이 쌓이고, 모든 사운드는 미세하게 조율된다. 이렇게 완성된 음악은 CD나 파일 형태로 배포되거나, 스포티파이 같은 플랫폼에서 재생된다.

영화와 드라마의 스튜디오도 비슷하다. 실제 공간처럼 보이도록 세트를 짓고, 조명을 설치하고, 카메라 앵글을 설정한다. 배우들은 대사에 애드리브를 더해서 반복해서 연기하고, 감독은 배우의 감정 선과 장면의 분위기를 끊임없이 조율한다. 그리고 또 지난한 후반작업이 시작된다. 편집자는 프레임 단위로 장면을 자르고 붙여 시간의 흐름을 재구성하고, 색 보정으로 영상의 분위기를 통일한다. 연기자의 대사를 다시 녹음하기도 하고, 주변음과 효과음을 덧입히고 음악을 입혀서 장면의 감정을 극대화하는 바그너의 작업이 이어진다. 이렇게 수십 명의 전문 인력이 수개월간 협업해서 한 편의 영화가 완성된다.

이 모든 과정이 인공지능의 등장으로 재구성되고 있다. 연주하지 않고 음악을 만들고, 촬영하지 않고도 영상을 만들 수 있다. 하나하나 수작업으로 조율하던 사운드와 이미지가, 이제는 프롬프트 한 줄로 생성된다. 컴퓨터로 진행되는 디지털 생성 프로세스는 실수를 하지 않기 때문에 피치pitch를 조정하거나 박자를 맞출 필요도 없고, 장면을 자를 필요도 없다. 심지어 실존하지 않는 인물이 노래하고 연기할 수도 있다. 이제 우리는 마이크 없이 음악을 만들고, 카메라 없이 영화를 찍는다. 스튜디오가 사라지고 있다. 수백 년간 축적되어 온 훈련과 기술, 협업의 프로세스도 함께 해체되고 있다.

1970년대, 지휘자 카를로스 클라이버는 베토벤 <교향곡 7번>을 녹음하기 위해 120개 이상의 스플라이싱 테이프를 사용했다. 하나의 작품을 완성하기 위해 그는 오케스트라와 반복 연습하며 여러 번 녹음을 시도했고, 편집자가 테이프를 물리적으로 잘라 붙이며 가장 이상적인 버전을 조합해냈다. 그 결과물이 지금 우리가 듣는 클라이버의 베토벤 <7번 교향곡>이다. 연주자들의 집중력, 지휘자의 해석, 편집자의 감각이 만들어낸 공동의 산물이었다. 하지만 클라이버는 상대적으로 '장인'이었고, 지휘자 헤르베르트 폰 카라얀은 편집이 복잡한 부분에선 아예 재녹음을 택했다. 그는 자신이 원하는 수준에 도달하기 위해 다시 전체를 녹음했다. 인공지능과의 작업은 클라이버의 작업보다 카라얀을 닮아 있다. 다만 오케스트라를 다시 소집할 필요도 없고, 녹음 스튜디오를 임대하지도 편집 기사들과 지루한 후반작업을 할 필요도 없다. 한 줄의 프롬프트가 이 모든 과정을 대신한다. 적절한 프롬프트 한 줄로 인공지능은 클라이버보다 더 일관되고 카라얀보다 더 정확한 템포로, 우리가 원하는 분위기의 음악을 곧바로 생성해 준다. 편집과 보정, 재녹음의 반복 대신, 모델이 학습한 방대한 데이터를 바탕으로 가장 그럴듯한 결과를 처음부터 '완성된 듯이' 제공한다. 인간의 고통과 시행착오가 배어 있던 창작의 공간이 해체되고 있다.

반복되던 스튜디오 리허설과 거듭된 연습, 편집과 재녹음의 시간이 사라지고 있다. 그리고 그 자리를 선택된 확률의 조합이 차지하고 있다. 음악은 더 쉽게 만들어지지만, 감동은 쉽게 오지 않는다. 감상자는 이제 완성된 음악 너머에서 창작자와 인공지능이 나눈 대화를 상상하고, 그 사이의 여백을 스스로 채우는 역할을 맡게 됐다. 음악 감상은 인공지능이 생략해버린 소리 너머의 보이지 않는 창작 과정을 추측하고, 상상하며, 해석하는 지적 활동이 되어가고 있다. 창작자는 연주자와 엔지니어를 대신하게 된 언어와 알고리즘을 다루는 사람이 되었다. 창작자도 연주자도 사라진 창작 과정과 결과물 사이에서, 감상자는 이제 영감을 얻고 의미를 찾을 수 있는 유일한 존재가 됐다. 인공지능과의 협업이 가져온 진입 장벽의 소멸과 창작자의 퇴장은, 역설적으로 감상자의 역할을 더욱 중요하게 만들었다. 어쩌면 감상의 미학과 데이터에 대한 감수성이 이 시대를 살아가는 인간의 가장 중요한 능력일지도 모른다.

감상의 미학

사람이 입력한 프롬프트에 따라 인공지능은 확률적으로 가장 그럴듯한 단어와 이미지, 음을 선택하고 배열하면서 글을 쓰고, 그림을 그리고, 음악을 만든다. 하지만 감상하지도 않고 감동도 받지 않는다. 인공지능이 만들어내는 창작물은 이전에 존재했던 수많은 데이터로부터 배운 패턴들을 기반으로 조합된 것이다. 그래서 인공지능으로 만들어지는 예술세계에서, 천재적인 영감이나 고통 속에서 길어 올린 내면의 진실은 감동의 조건이 되지 않는다. 오히려 그것을 보고, 듣고 경험하는 감상자가 얻는 영감과 감동이 중요하다. 그리고 감동의 내용은 감상하는 사람의 경험과 상상력, 취향에 따라 달라진다. 인공지능과 함께 창작하는 과정도 창작자에게 영감을 준다. 정상의 바둑 기사들이 인공지능과 함께 포석과 사활을 연구하면서 영감을 얻듯이, 창작자들은 인공지능에게 프롬프트를 입력하고 결과를 확인한 후 프롬프트를 새로 쓰면서 창작물을 최종 형태로 성장시키는 과정에서 영감을 얻는다.

예술의 중심이 창작에서 감상으로 이동하고 있다. 창작자들마저 인공지능과의 창작 과정에서 중간 결과를 검토하고 감상하면서 영감을 얻는다. 누가 창작했는가 보다, 누가 감상하는지가 중요해졌다. 바로크 전성기에 인쇄된 악보가 유통되고 신체조건에 관계없이 익히기 쉬운 현악기와 건반악기로 연주할 수 있는 작품들이 축적되면서 음악가가 되는 길에 진입장벽이 낮아졌다. 장벽이 낮아지자 다양한 스타일의 연주자가 등장했고, 판 슈비텐 남작 같은 뛰어난 감식안을 가진 음악 애호가들이 좋은 연주를 구별하기 시작했다. 창작의 진입장벽이 낮아지면 좋은 작품을 구별할 수 있는 안목이 더 빛난다. 이제는 상상력과 언어능력, 예술적 감각이 있으면 누구나 인공지능을 사용해서 예술작품을 창작할 수 있다. 창작자가 많아지면 당연히 경쟁도 심화된다. 개개인이 각자에게 연결된 네트워크와 소셜미디어로 자신의 작품을 발표할 수 있고 그 결과 대중의 관심을 받기 위해 더 자극적이고 원색적인 작품들이 만들어질 것이다. 쏟아질 작품의 홍수 속에서 좋은 작품을 구별해 내고, 창작가가 인공지능과 주고받은 프롬프트를 상상하면서 영감의 궤적을 추적할 수 있는 감상자도 함께 등장할 것이다.

좋은 감상자가 되기 위해선 스스로 자신의 취향을 훈련하고 감각을 예민하게 가다듬어야 한다. 수많은 데이터를 조합해서 만들어지는 예술에는 감각의 추상화와 수단의 표준화 과정에서 생략된 감각의 여백이 있다.
이 여백을 채우고 복원하면서 영감을 얻어내는 것이 감상자의 상상력이다. 인공지능은 아무리 완벽한 결과를 내더라도 이 여백을 채우지 못한다. 감상자는 그 작품에서 생략된 감각들을 자기만의 상상력으로 복원하면서 창작물을 완성시킨다. 감상자가 지닌 고유한 취향과 섬세한 상상력은 이 복원 과정에서 진정한 가치를 발휘한다. 피아노의 울림으로 연주 공간을 상상하고, 연주의 리듬에 따라 연주자가 느끼고 있을 시간의 흐름에 참여하면서 감상자는 연주를 복원하고 완성시킨다. 녹음테이프를 조각조각 편집해서 완성한 글렌 굴드의 바흐를 마치 한 번의 연주로 완성된 음악처럼 복원하는 것도 나의 상상력이다. 음악이 아름다운 것은 내가 지금 듣고 있는 음악이 아름답기 때문이 아니라, 내가 살아있는 지금 이 순간이 이미 찬란하게 아름답기 때문이다. 데이터를 배열하고 조합해서 생성된 음악과 예술작품들은 감상자의 내면에서 완성된다. 우리가 음악과 예술에서 아름다움을 느끼는 이유는, 작품이 이미 완성된 형태로 존재하기 때문이 아니라 그것이 감상자의 내면에서 매 순간 다르게 복원되기 때문이다.

인공지능과 폴리포니

우리는 말과 글, 프롬프트를 매개로 인공지능과 대화를 나누며 협업한다. 내가 입력한 프롬프트에 인공지능이 응답하고, 그 응답을 다시 내가 판단하고 조정하는 반복은 그레고리오 성가 안티폰의 콜 앤 리스폰스^{call and response} 구조와 닮아 있다. 하나의 주제에 대해 서로 응답하고 반응하며 만들어가는 이 상호작용은, 인간과 인공지능이 만들어내는 폴리포니의 초기 단계다. 인공지능이 말과 음악을 같은 방식으로 다룬다는 사실은 말의 힘을 음악에 집중시켰던 중세 음악을 연상시킨다.

말과 문자로 프롬프트를 입력하는 건 말의 가능성을 탐구하는 일이다. 말과 문자를 사용하는 그레고리오 성가는 거대한 공간을 채우는 과정에서 화성을 받아들이고 다성 음악으로 발전했다. 이제 말과 문자는 인공지능을 매개로 감상자의 상상력의 공간을 채우는 음악과 그림, 영화를 만들어낸다. 중세의 그레고리오 성가가 단순한 선율로 시작해서 다성 음악으로 발전했던 것처럼, 인공지능과 인간의 협업도 복잡한 다성적 대화로 진화하고 있다. 인공지능은 음악과 그림, 영상을 언어처럼 다룬다. 우리는 문자로 프롬프트를 입력하면서 인공지능과 음악적 대화를 한다. 우리가 프롬프트를 작성하는 동안 인공지능은 대기하고, 인공지능이 분석하는 동안 우리는 기다린다. 아직은 단성單聲적인 대화이며, 음악처럼 동시에 울리지는 않는다. 그러나 양자 컴퓨팅이 본격적으로 상용화되면, 이 구조는 다성多聲적인 폴리포니로 진화할 수도 있다. 양자 인공지능은 여러 가능성을 동시에 계산하고 중첩된 의미의 층을 유지할 수 있을 것이다. 하나의 프롬프트에 하나의 결과를 내놓는 것이 아니라, 하나의 프롬프트에 복수의 해석과 감각을 겹겹이 쌓아서 르네상스 시대의 다성 음악처럼 시와 음악과 회화를 각각 독립적인 성부로 다루는 예술작품을 생성할 수 있을지도 모른다.

미디어가 된 인공지능:
미디어를 지배하는 자가 세계를 지배한다

아날로그 시스템에서는 음악이 전기신호의 형태로 선을 타고 헤드폰으로 직접 전달되었다. 불편하지만 손으로 다이얼을 돌리고, CD를 교체했다. 그러나 디지털로 데이터화된 음악은 블루투스나 와이파이, 인터넷, 5G 네트워크를 타고 수없이 복제되어 전송되고 저장된다. 블루투스 헤드폰이나 스피커는 이 데이터를 실시간으로 해석해서 내가 선호하는 스타일의 소리로 변환한다. 인간의 뇌에 칩을 이식하는 기술이 현실화되기 직전 단계에서, 블루투스 이어폰을 통해 듣는 음악은 인간의 뇌에 가장 가까이 다가온 데이터다. 이제 음악은 서로 다른 언어와 문화의 경계를 넘어 보편적인 맥락 속에서 취향을 학습하는 알고리즘에 의해 분류되고 추천된다. 음악은 듣는 것이 아니라, 데이터로 예측되고 소비되는 대상이 되었다.

음악이 기보되고 표준화되면서 결국 데이터가 되는 과정이, 인공지능을 통해 언어와 지식이 데이터가 되는 과정에서 반복되고 있다. 중세의 성당에선 모든 언어가 라틴어로 표준화되어 그레고리오 성가로 불리면서, 성당이 인간과 신의 세계를 이어주는 미디어가 되었다. 그리고 이제 인공지능은 모든 언어 간의 장벽을 허물고 언어를 데이터로 만들면서, 인간을 세상의 모든 지식과 예술로 이어주는 미디어가 되었다. 인간과 신의 세계를 이어주는 성당을 지배했던 교회가 중세를 지배했듯이, 이제 인간과 세계의 지식을 연결하는 인공지능을 지배하는 자가 세계를 지배할 것이다.

전쟁 이후 새로 등장한 미디어인 방송을 국가가 주도하면서 음악가의 권리가 희생되었듯이, 국가들이 각자의 역량을 총동원하는 인공지능 개발 경쟁 속에서 많은 희생이 있을 것이다. 언어를 다루는 사람들, 특별히 선생님과 학생들의 권리와 노력이 보상받지 못할 가능성이 크다. 수많은 창작자들과 자료 관리자들의 일자리를 인공지능이 대신하겠지만, 특별한 기술이 없는데도 의사결정 과정과 창작 과정을 복잡하게 구성해서 독점을 유지하던 많은 불합리들도 사라질 것이다. 기악 음악이 발달하고 정교한 악보가 유통되면서, 목소리에 재능이 없어도 악보를 다양하게 해석하는 스타일리스트들이 등장했었다. 이제 강연자들은 강연에 재능이 없어도 인공지능을 잘 활용해서 뛰어난 강연 영상을 만드는 창작자들과 경쟁해야 할 것이다.

분리되어 있던 것들을 다시 연결하면서 등장하는 미디어가 이전의 것들을 모두 파괴하지는 않는다. 다만 새로운 미디어가 사용하는 수단이 이전에 비해 고도로 추상화되는 까닭에 전 시대의 가치를 고집하는 것이 의미를 잃게 될 뿐이다. 인공지능을 맞이하는 시점에서 전 세계가 정치적, 사상적으로 양극화되어 있다. 바흐의 평균율로 C장조와 F#단조 간의 차별이 사라졌듯이, 이제는 극단적인 대립을 넘어서 새로운 차원의 가치를 기준으로 새로운 시대를 준비해야 한다. 결국에는 대립의 원인이 되는 정의나 옳고 그름 같은 기준이 아니라, 아름다움이나 세련됨처럼 누구나 교육과 훈련을 통해 다다를 수 있는 가치라면 더욱 좋을 것이다.

CHAPTER VI

미디어 아트
MEDIA ART

존재의 폴리포니

인간은 미디어를 통해 세계를 만난다. 그러나 세계를 만난 나의 기억이 한결같이 유지되지는 않는다. 바흐의 <골트베르크 변주곡>은 데이터가 되어 블루투스 이어폰을 통해 내 뇌의 바로 앞까지 전달된다. 나는 그 음악을 감상하지만 그 음악이 불러일으키는 감동은 매번 다르다. 우리의 뇌는 음악이 아니라 음악에 감동한 순간을 기억한다. 중력이 시공간의 굴곡이듯 감정은 인간이 겪는 시간의 굴곡이고, 기억은 그 굴곡을 따라 이야기로 저장된다. 중력이 사물을 지상에 고정시키듯이 슬픔, 행복, 질투 같은 감정은 영혼을 무겁게 하고 인간의 삶에 흔적을 남겨서 기억을 고정시킨다.

"그날이 내 생애에서 가장 슬픈 날이었어."
"어제보다 오늘이 더 행복해."

이런 문장들이 없다면, 기억은 각 개인들이 가진 사건의 지평선 위에 무질서하게 흩어져, 사건들의 순서와 의미를 조리 있게 서술하지 못할 것이다. 기억은 시간의 흐름을 정당화하는 이야기를 필요로 한다. 이야기가 없으면 어제에 이어 오늘이 있어야 할 이유를 찾기도 어렵다. 시간을 감지하는 감각기관이 따로 없는 인간은 대부분 세계와 우주를 공간으로 지각하며 살아간다. 그래서 시간은 감각되지 않고 측정된다. 물리학이 밝혀낸 수많은 진실 중에도 시간이 과거에서 미래로 흐르고 있다는 것을 입증한 공식은 없다. 엔트로피는 증가한다는 열역학 제2법칙이나 우주가 팽창하고 있다는 허블의 법칙 정도가 시간의 비가역성을 암시하고 있을 뿐이다. 이보다는 차라리 내가 지금 듣고 있는 음악이 곧 끝난다는 사실이, 시간이 흐르고 있다는 걸 감각적으로 증명한다. 결국 내 시간에 끝이 있고, 언젠가는 내가 죽을 것이라는 명백한 사실만이 우리가 체험하는 시간의 흐름을 보증한다.

다시는 겪고 싶지 않은 고통스러운 순간이나, 견딜 수 없을 정도로 슬펐던 때를 중심으로 이야기가 만들어진다. 그 순간들을 기준으로 그 앞과 뒤에 벌어진 사건들의 순서가 정리되고 구분된다. 아직 고통받기 전과 고통받은 후에 일어난 일들이 확연히 정리되고 기억에 고정된다. 우리가 보고 듣는 수많은 장면 중에, 기쁨과 슬픔, 분노와 후회 같은 짙은 감정이 담기지 않은 것들은 대개 잊힌다. 기억은 감정을 중심으로 구성된 이야기의 형태로 유지된다. 기억은 단순한 정보의 저장이 아니라, 감정의 무게에 따라 배치된 서사다. 슬픔은 시간을 느리게 만들고, 기쁨은 순간을 확대시킨다. 사건의 순서보다 더 중요한 것은, 그 사건이 내 삶에서 차지하고 있는 깊이다. 기억은 언제나 감정의 깊은 굴곡을 따라 서사를 구성하고, 서사는 내가 시간 속에 존재한다는 증거가 된다. 그리고 내 존재를 지탱하는 이야기는 하나가 아니다.

내 존재를 지탱하는 이야기들은 여러 층위에서 중첩돼 있다. 의식의 가장 바깥 표면에도 있지만, 무의식 속에 깊이 잠겨 있기도 하다. 결정적인 감정은 여러 이야기 속에 겹쳐 존재하고, 그 감정을 중심으로 하나의 기억은 다른 기억과 교차한다. 질투에 불타오르던 시절의 이야기는 영혼이 고통받았던 이야기와 종종 교차한다. 우리는 하나의 기억, 하나의 자아로 살아가지 않는다. 스스로를 인식하고 껍질을 벗어서 존재가 사는 집이 거대해지면 존재는 단일한 선율이 아니라, 여러 감정과 이야기의 성부들이 얽혀 있는 폴리포니^{다성음악 多聲音樂}로 성장한다. 그곳에서 시간을 지탱하는 것은 하나의 연속된 이야기가 아니다. 푸가^{Fuga}처럼 서로 마주 보고 있는 복수의 이야기들이 서로 다른 시간의 결을 따라 마주쳤다 헤어진다.

감정은 기억의 구조를 결정하고, 기억은 이야기로 구성된다. 그리고 그 이야기들이 중첩되고 교차하면서 존재를 지탱한다. 참을 수 없는 고통이나 슬픔은 우리를 떠받치고 있던 이야기의 질서를 흔들고, 기억된 사건들의 순서를 바꾸며, 존재를 구성하던 이야기의 내용과 결말마저 바꿔버린다. 그리고 중첩된 여러 이야기들이 조율되는 과정에서 존재를 드러낸다. 이 과정은 마치 술이 익듯이, 상처가 아물듯이 진행된다. 존재는 다중적^{多重的}이라기 보다 다성적^{多聲}이다. 푸가처럼 각기 다른 길이와 박자, 감정의 선율을 지닌 이야기들이 서로를 따라가거나 서로를 거슬러 흐른다. 때로는 거울에 비친 듯이 거꾸로 흐르다가, 이내 두 배쯤 느리게, 혹은 빠르게 반복되며 한 사람의 시간을 공유하며 울려 퍼진다. 어린 시절의 이야기와 노년의 기억이 서로 공명한다는 점에서 존재는 다성적이다. 우리는 기억이 데이터로 저장돼 네트워크 위를 떠다니며 무수히 복제되고 저장되는 시대에 살고 있다. 디지털 네트워크 안에서 감각은 표준화되고 추상화된 데이터로 변환된다. 감정의 깊이는 아직 측정되지 않지만, 깊은 슬픔을 담은 사진들도 0과 1로 추상화되고 표준화된 감각 데이터로 기록된다. 사건의 순서도 메타데이터로 확인된다. 기억은 더 이상 감정의 깊이를 따라 흘러가지 않고, 기록된 순서에 따라 타임라인 위에 강제로 정렬된다. 소셜 미디어로 공유된 데이터는 어디서든 느닷없이 소환되고, 어느 날 아직 아물지 않은 상처가 날짜와 시각, 위치 정보, 조회수 같은 사건의 껍데기들과 함께 발견돼 존재를 위협한다. 그러나 감정이 지워진 채 기억을 호출하는 장면들은 내 존재와 통합되지 않는다. 네트워크를 타고 복제되는 내 데이터들의 총합이 나를 온전히 기록하지 못한다. 나는 오히려 판타지다. 나는 내가 되고 싶은 것, 잊고 싶은 것들을 숨기고 남은 것, 견딜 수 없는 것들을 직시하고도 살아남은 것, 이 모든 것들이 독립적으로 울리는 대성당 같은 존재다. 존재는 애초에 일관적이지 않다. 존재 안에서는 감정과 기억, 의식과 무의식, 과거와 미래가 푸가처럼 어긋나며 교차한다.

텍스트와 이미지, 영상이 데이터가 되어 개개인에게 연결된 네트워크를 타고 공유되면서, 소셜미디어를 통해 의혹이 제기되거나 폭로되는 일이 잦아졌다. 의혹의 증거가 한 장의 사진인 경우도 많다. 위치 정보와 촬영 시간을 메타데이터로 갖고 있는 사진이 공개되면서 사람들의 관심을 집중시키는 결정적인 증거가 되기도 한다. 0과 1로 이루어진 데이터일 뿐인 사진에 대해서 온갖 상상력이 동원되고, 추측과 억측이 범람한다. 만약 사진 속 주인공이 스피커와 스크린을 통해 대중에게 과도하게 친밀한 이미지를 쌓아온 사람이라면 이 한 장의 사진은 순식간에 그의 온 존재를 대변하는 상징이 된다. 존재의 다성성은 부정되고, 한 장의 사진만이 주제 선율로 남아서 의심하는 모든 사람들의 호기심과 공명한다. 개인은 대개 이 과정에 저항하지 못하고 몰락한다. 말 못 할 진실이 있으나 설득의 무기가 될 수 없다. 존재는 원래 일관적이지 않고 나의 자아도 하나가 아니기 때문이다. 또한 존재는 남에게 이해되는 방식으로 자신의 감정과 기억을 조율하지 않기 때문이다.

기억을 타임라인에 따라 강제로 정렬하는 과정은 폭력적이다. 이 과정은 시간의 굴곡을 무시하고 시간을 평면 위에 배열하면서 존재의 차원을 축소시킨다. 술이 익듯 새로운 감정과 기억을 조율할 수 있는 기회가 박탈되고 존재는 위협받는다. 술이 익는 시간을 확보할 수 없다면, 상처를 아물게 하는 치유의 기술이라도 확보해야 한다. 존재의 위기를 극복하는 것은 존재를 응시하는 것으로 시작한다. 존재는 다성적이므로 음악을 듣듯이 존재를 바라봐야 한다. 음악을 듣듯이 존재를 바라보면 공명이 일어나고, 존재를 지탱하는 여러 이야기들이 서로 공명하면서 상처는 아문다. 감동이나 감정이 공명을 촉발하기도 한다. 그래서 음악 감상은 음악을 듣는 나 자신을 바라보는 일이어야 한다.

백한승의 <푸른 꽃>

사진작가 백한승Hanseung Baik 1973~의 <푸른 꽃Die Blaue Blume>은 존재가 드러나는 순간을 응시하고 있는 탁월한 작품이다. 그의 사진은 존재가 공명하는 순간을 정지된 이미지 속에 포착한다. 공중에 떠 있는 잎과 그 아래 반사된 그림자가 푸가처럼 마주 보며 춤추듯 부유하는 장면은, 감정을 공유하는 이야기들이 교차하기 전에 서로에게 어떻게 다가서는지 보여준다. 이러한 방식으로 존재에 접근하는 작품으로 카라바조Michelangelo Merisi da Caravaggio 1571~1610의 <나르키소스Narcissus>나 에스토니아의 작곡가 아르보 패르트Arvo Pärt 1935~의 <거울 속의 거울Spiegel im Spiegel> 같은 작품들이 있다. 카라바조의 작품에선 물에 비친 자신의 모습을 응시하는 시선을 따라 시간이 흐르고, 마주친 두 시선이 공명하면서 존재가 드러난다. 아르보 패르트의 작품에선 반복되는 단순한 선율들이 서로를 비추면서 공명이 일어난다. 이야기들이 서로 다른 리듬으로 교차하면서 의식의 깊은 곳에 잠복해 있던 결정적인 감정들이 드러난다. 그리고 술이 익듯 감정과 이야기가 조율되면서 존재가 드러난다.

푸른 꽃 Die Blaue Blume 은 독일 낭만주의 시와 음악에 등장하는 핵심 이미지다. <푸른 꽃>은 독일 낭만주의의 대표 시인인 노발리스 Novalis 1772~1801 가 그의 미완성 소설 <하인리히 폰 오프터딩겐 Heinrich von Ofterdingen >에서 선보인 뒤, 낭만적인 존재와 영원한 갈망의 상징이 되었다. 푸른 꽃과 이상을 찾아 떠나는 순례자와 방랑자의 끝없는 여정 속에서 세계와 자아는 낭만적으로 확장된다. 삶은 이상을 좇는 여정이다. 그리고 그 이상은 자신의 내면 속에 있다. <방랑자 환상곡 Wanderer Fantasy >으로 낭만주의 음악의 씨앗을 뿌린 슈베르트 Franz Schubert 1797~1828 의 가곡에도 푸른 꽃은 자주 등장한다. 슈베르트가 1822년에 작곡한 <밤 제비꽃 Nachtviolen D 752 >은 밤에 핀 푸른 제비꽃을 노래하는 시다. 이 시에서 푸른 잎에 둘러싸인 밤 제비꽃은 엄숙하고도 고요한 밤공기 속에서 부드러운 봄바람을 응시하고 있다. 백한승의 <푸른 꽃>에선 마주 본 푸른 잎들이 엄숙하고 고요하게 서로를 응시하며 공명하고 있다. 공명의 매개는 슈베르트와 독일 낭만주의다.

작가의 또 다른 작품인 <에프 단조의 푸가 Fuga in F minor > 시리즈는 30대 초반 북미에서, 의도적으로 고립시킨 감정이 존재와 공명하는 순간을 포착한 작업이다. 낯선 세계에서 의도적으로 익숙한 것들을 모두 배제하고 주제 선율만을 남긴 단성부 푸가가, 존재의 외로움이 한계에 다다른 순간 주변의 모든 것과 순식간에 공명해서 다성부 푸가로 승화되는 장면들이 이 시리즈에 담겨있다. 같은 방식으로, 존재의 다성성 多聲性 이 부정된 한 장의 사진도 주제 선율이 되어 타인의 호기심과 공명하지만 푸가가 되지는 못한다. 푸가는 대성당 같은 존재 안에서만 제대로 울린다. 작가는 이 작업을 통해서 내 존재에 통합되지 못하는 고립된 감정을 다루는 방법을 익혔을 것이다.

작가가 최근까지 작업해온 <소다^{Soda}> 시리즈는 비 내린 후 도시의 밤 풍경을 찍은 작품들이다. 인공적인 빛만을 다루는 이 시리즈에서, 작가는 문명의 시간에서 존재가 어떻게 드러나는지를 집요하게 추적한다. 비가 내린 후 도시의 밤에서만 깨어나는 빛 너머의 세계는 실상 이 세계와 언제나 공존하고 있는 세계다. 도로 위에서 빛나는 얕은 물웅덩이는 다른 세계로 드나드는 게이트다. 이곳에 고인 물은 두 세계의 서사를 이어주는 깊은 감정을 품고 있다. 작가는 이 작품들을 통해 최소한 도시 수준의 공간에서 존재의 폴리포니를 능숙하게 다루게 되었다.

<에프 단조의 푸가> 와 <소다> 시리즈를 통해 백한승은 존재의 폴리포니를 포착하는 작가로 성장하기 위한 수련 과정을 마친 것으로 보인다. 백한승의 <푸른 꽃>은 존재를 응시하면서 상처를 아물게 하는 치유의 기술에 관한 작품이다. 타임라인에 따라 기억이 강제로 정렬되는 시대에 존재는 어떻게 위엄을 되찾을 수 있을까? 제대로 바라보는 것으로도 존재의 새 살은 돋는다. 그리고 새로 쓰이는 이야기들이 다른 이야기들과 겹치며 만들어내는 공명에 귀 기울여야 한다. 르네상스 시대 폴리포니 음악이 번성하면서 같은 음악을 다르게 듣는 사람들이 등장했다. 시간과 함께 흐르는 다성부의 음악은 어떤 성부를 따라 듣는지에 따라 다른 모습을 보여준다. 시간의 굴곡마다 자리 잡은 감정을 중심으로, 중첩된 이야기들로 지탱되는 존재도 마찬가지다. 어떤 이야기의 끝을 잡고 다가서는지에 따라 존재는 다르게 드러난다. 존재에 다가설수록 존재와 얽혀 있는 다른 이야기

들이 들리고, 타임라인이 강제하는 폭력은 정화된다. <푸른 꽃>은 존재를 바라보고 있는 작가 자신에 대한 이미지이기도 하다. 이 안에서 작가는 슈베르트를 듣고 있는 작가 자신을 바라보고 있다.

<푸른 꽃>과 함께 작가는 최근 <빛의 폴리포니>라고 불러도 좋을 작업에 몰두하고 있다. 시간과 중력을 탐구하고 있는 것으로 보인다. 중력이 시공간의 굴곡이듯 감정은 인간이 겪는 시간의 굴곡인데, 중력을 지우고 시간을 견디는 빛만으로 만들어지는 폴리포니를 포착하는 작업이다. 작가는 이미 <에프 단조의 푸가>에서 의도적으로 익숙한 것들을 배제하고 주제 선율만을 남기는 실험을 한 바 있다. 중력을 배제하고 시간을 견디는 빛만으로 주제 선율을 구성하는 것은 매우 영리한 시도다. 존재의 외로움이 한계에 다다를 때, 빛의 폴리포니가 주변의 모든 것과 순식간에 공명하는 순간이 포착될 것이다.

인스타그램:
존재의 표층을 연결하는 미디어 아트

과거 귀족의 삶이 백화점의 쇼윈도에 전시되었던 것처럼, 오늘날 개인의 삶은 인스타그램Instagram에 전시된다. 쿠팡과 스포티파이가 모든 물건과 음악을 모든 사람들에게 전달하기 위해서 이미지와 메타데이터, 음악의 장르와 분위기를 표준화한 것처럼, 인스타그램은 모두의 삶을 모두에게 전시하기 위해 감각을 재구성한다. 인스타그램에서 삶의 여러 모습은 스마트폰의 화면에 최적화된 시각적 규격에 맞게 포장된다. 감정은 표정이나 이모티콘 그리고 #행복, #위로 같은 해시태그로 요약되고, 일상의 행복은 잘 디스플레이 된 음식 사진이나 여행지의 샹델리에Chandelier로 축약된다. 누구나 한눈에 알아볼 수 있는 물건이나 장소를 정해진 시각적 규격의 한게 내에서 한껏 꾸민 것으로 삶이 전시된다. 심지어 표정마저 규격화된다. 세련되고 매력적인 순간을 포착한 이미지들이 선택되고, 슬픔이나 고통 같은 존재를 구성하고 기억을 고정하는 핵심 재료들은 배제된다.

핵심 재료들이 배제되었다고 해서 인스타그램을 채우고 있는 이미지와 데이터들이 존재에 다가서는 통로가 되지 못하는 것은 아니다. 다만 이 이미지들이 존재를 이루는 다양한 층위들 중에서 가장 바깥 표면에 있을 뿐이다. 인스타그램은 이 이미지들로 참여하는 사람들을 이어준다. 그리고 우리는 셀 수 없이 많은 매력적인 이미지 가운데서도 특별히 더 우리의 마음을 끄는 것들을 찾아낼 수 있다. 어쩌면 우리는 지금까지 너무 적은 양의 이미지를 소비하고 살았는지 모른다. 우리의 존재가 가진 가능성에 비해서 이제까지의 삶은 너무 단조로웠다. 온 세상에 나를 알리고 싶지만 나를 표현할 방법을 찾지 못했다. 제국의 수도들이 아끼는 미술관에는, 성장하고 한껏 꾸민 귀부인들의 초상화가 걸려있다. 그 그림들은 오랜 세월을 살아남아 명작이 됐다. 당대의 유명했던 화가들의 솜씨가 깃들어 있지만, 우리 시대의 사진 기술이 그 솜씨만 못한 것도 아니다. 이 미술관들을 다녀온 사람들은 이제 방문 인증샷을 인스타그램에 남긴다. 애초에 인스타그램에 올릴 사진을 찍기 위해 미술관을 방문하기도 한다.

인스타그램에서 활동하는 인플루언서 influencer는 우리 시대 예술가의 다른 이름일 수도 있다. 예술가들은 다성적인 존재로부터 타인에게 보여줄 것을 길어 올린다. 존재의 심연을 들여다보기도 하고, 잠시 드러났다 숨어버리는 무의식과 잠재의식의 세계를 탐구하기도 한다. 외롭고 불안한 작업이다. 반면에 인플루언서들은 타인이 보고 싶어 하는 이미지들을 자신의 타임라인에 전시한다. 그리고 타인의 시선을 끌기 위해 표정과 감정을 편집하고 큐레이션 한다. 초연결 사회의 존재의 표층은 존재의 심연만큼이나 위험하다. 네트워크에 접속하고 있지 않는 모든 순간들이 불안하다. 습관적으로 소셜 미디어를 확인하고, 전달된 메시지가 없으면 세상에서 소외된 느낌이 든다. 게시한 이미지에 반응이 없거나 악플이 달려도 존재가 흔들린다. 지금 이 순간에도 심해의 어딘가에선 지각이 흔들리고, 지구의 속살이 노출되고 있겠지만, 육지에 사는 인류는 땅 위에서 대기까지 얇은 지구의 표층에서 일어나는 일들로 늘 분주하다. 가장 깊은 곳에 있는 것들은 서로 이어지지 않기 때문에 고독할 뿐 소외되진 않는다. 하지만 지구의 표층에선 비행기가 날고, 자동차들이 움직인다. 당장이라도 갈 수 있는 못 가본 곳들의 이미지들을 보고 있으면, 오히려 지금 내가 있는 곳이 관심에서 소외된다.

개인들을 연결한 네트워크를 전시장으로 사용하는 인스타그램은 이 시대의 미디어 아트다. 예술가가 자신의 존재를 응시하듯, 인플루언서들은 자신을 전시한다. 모두를 연결하려는 야망으로 만들어져 이어진 존재의 표층이 존재의 심연에 비해 예술적 가치가 떨어진다고 보기도 어렵다. 인류가 지구의 표면에서 번영을 누리듯이, 우리 삶의 가장 빛나는 순간들을 공유하는 인스타그램도 번성하고 있다. 그러나 번영하고 있는 인류가 스스로를 되돌아보고 미래의 방향을 설정하려 할 때 영감을 얻기 위해 살펴보는 것은 늘 심해를 탐사하고 우주를 관측한 결과들이었다. 인생의 가장 빛나는 지점만을 연결해서 삶을 구성하면, 이면에선 가장 비극적인 지점들도 이어진다. 내 존재를 지탱하는 이야기가 하나가 아니므로, 이 시대의 미디어 아트는 존재의 다른 이야기도 다뤄야 한다. 냉정한 표준화 과정에서 생략되고 제거된 인간과 세계 사이의 생동감을 어떻게 회복시킬 것인지도 미디어 아트가 다뤄야 할 주제다.

구글 포토:
사적 영역의 미디어 아트

인스타그램이 존재의 표층을 전시하는 미디어 아트라면, 구글Google과 애플, 네이버Naver 같은 디지털 플랫폼이 제공하는 '추억 기능'은 존재의 깊은 층위를 울리는 미디어 아트다. 스마트폰에 저장된 사진들을 백업하고 분류하는 기능을 제공하는 애플리케이션들은 가끔씩 추억을 소환해서 전시해 준다. 스마트폰으로 찍은 사진들은 날짜와 위치정보 같은 메타데이터와 함께 저장된다. 사진의 양이 많아지거나 스마트폰을 교체해야 할 때, 우리는 별 고민 없이 사진을 구글이나 애플, 네이버에서 제공하는 클라우드에 백업한다. 일단 백업된 데이터들은 기간을 지정해서 한꺼번에 삭제하거나, 의미 없는 사진들과 지우고 싶은 사진들을 일일이 찾아서 삭제하지 않는 한 네트워크에 저장된다. 이 사진들은 한때는 소중했던 내 삶의 순간들을 담고 있지만, 클라우드에 백업되는 순간 마치 무의식으로 침전하는 기억처럼 대부분 잊힌다. 그리고 어느 날 문득 클라우드가 보내 준 수년 전의 사진들이 내 존재를 울린다.

중단된 서비스인 싸이월드Cyworld 미니홈피에 저장했던 데이터를 복원하고 싶어 하는 사람들이 아직도 많다. 사진을 보는 순간 이름을 부를 수 있을 것 같은 헤어진 친구들과 타임캡슐처럼 소환될 기억들에 대한 기대가 크기 때문이다. 하지만 소환된 기억이 언제나 우리를 행복하게 하지는 않는다. 지우고 싶은 기억도 많고 나도 모르게 고쳐버린 기억도 많다. 싸이월드나 페이스북Facebook, 인스타그램처럼 내가 선택한 사진들만 저장하는 클라우드는 그나마 안전하다. 이런 곳에선 그림 속의 귀부인이나 인스타그램의 빛나는 순간들처럼 존재가 옷을 입고 있다. 구글이나 애플, 네이버가 제공하는 백업 공간처럼 선별되지 않은 사진들이 한꺼번에 저장된 곳은 무의식의 공간이다. 이곳에선 무엇이 튀어나올지 예측하기 어렵다. 헤어진 애인, 돌아가신 부모님, 결별한 친구들이 소환되고 가장 비극적 경우엔 나보다 일찍 세상을 떠난 자녀의 모습을 보여줄 수도 있다. 이런 이미지들은 짙은 감정도 함께 소환한다. 감정은 시간의 굴곡을 건드린다. 소환되는 것이 이미 이야기가 되어 존재를 지탱하고 있는 감정이라면, 고통스러울수록 이야기의 주인공은 영웅이 되고, 슬플수록 카타르시스는 커진다. 시간의 굴곡은 더 선명해져서, 계곡은 깊어지고 봉우리는 높아진다. 하지만 많은 경우 우리는 자신과 타협하면서 깊은 계곡을 짚으로 가리고 출입 금지 푯말을 세워 둔다. 그곳에선 존재가 벌거벗고 있다.

존재의 표층은 연결될 수 있지만, 존재의 심연은 보호받아야 한다. 존재는 감당할 수 없는 것은 숨기고, 가느다랗고 속이 비어 있는 이야기 줄기들을 수면 위로 뻗어 숨을 쉰다. 존재의 수면 아래에는 속 빈 대롱 식물들이 서로 얽혀 신비로운 무늬를 이루어 살아간다. <푸른 꽃>처럼 기억은 수면 아래에 자신의 그림자를 갖고 있다. 그래서 사적 영역을 다루는 미디어 아트는 호수가 있는 비밀의 정원이다. 이 미디어 아트는 개인적이다. 내 사진에 자주 등장한 사람들과 배경, 많은 양의 데이터가 모여 있는 시기, 아름다웠던 청춘의 데이터 같은 알고리즘이 이미지를 소환해서 기억을 재구성하고 감정을 호명한다. 이제는 긴장된 의식의 무대에서 퇴장해버린 순간들의 표정, 목소리, 햇빛이 마치 오래된 음악을 다시 듣는 것처럼 내 안에 숨어 있던 존재의 감정을 공명시킨다. 표준화되고 추상화된 데이터라 해도, 그것이 감정을 소환하고 기억의 굴곡을 건드리는 순간 존재의 정원을 배경으로 하는 미디어 아트가 된다.

사적 영역의 미디어 아트는 오직 나 자신을 위한 것이다. 타인의 시선과 관심을 의식하지 않아도 되는 비밀의 정원에서, 존재의 심연에서 솟아오른 이미지들과 화해하는 나 자신을 바라보는 예술이다. 은밀한 나머지 감동을 함께 나눌 사람을 찾기 힘들 수도 있다. 사적 영역에서 존재와 마주하는 미디어 아트는 신 앞에 홀로 서서 스스로의 영혼과 대면했던 바흐가 작곡한, 반주 없는 독주 작품에 비유할 수 있다. 오늘날엔 모든 첼리스트에게 경전처럼 여겨지는 바흐의 <무반주 첼로 모음곡 Cello Suites>은, 1899년 첼리스트 카잘스 Pablo Casals 1876~1973가 스페인의 어느 헌책방에서 악보를 발견하기까지 수백 년 동안 존재 자체가 잊혔다. 이 악보가 가진 가치와 의미를 이해한 카잘스는 이 놀라운 악보를 발견하고도 스스로 만족할 만한 수준으로 익혀서 능숙하게 연주할 수 있을 때까지 다른 사람들 앞에서 연주하지 않았다. 바흐가 1720년 첫 번째 아내와 사별한 후 작곡한 <무반주 바이올린 파르티타의 샤콘느 Chaconne from Partita No. 2 in D minor for solo violin BWV 1004>도 바이올린 하나로 연주하는 바흐의 대표 작품이다. 이 곡을 연주하기 위해선 연주자가 자기 내면의 슬픔을 오롯이 홀로 마주해야만 한다. 남에게 보여주기 위해서 슬픔을 가장하는 순간 연주는 감동을 잃는다. 바흐는 이 작품들을 발표하거나 무대에서 연주하기 위해서 작곡하지 않았다.

바흐와 카잘스의 태도가 디지털 플랫폼의 추억 기능과 같은 사적 영역의 미디어 아트를 어떻게 이해하고 다루어야 하는지 알려준다. 사적 영역의 미디어 아트는 바흐가 자기 자신만을 위해 작곡하고 카잘스가 고독하게 그 곡을 익히듯, 자기 내면에서 존재의 진실과 공명하는 예술적 행위다. 전시되지 못할 것도 아니지만, 완성에 이른 곡은 다시 연주하지 않는 소콜로프처럼 묻어두는 것도 좋다. <유리알 유희>처럼 이런 작품들은 창작보다 감상이 중요하다. 전시하기 위한 예술 작품이 있는가 하면, 혼자만 바라보고 소중하게 보존하기 위해 공개하지 않는 작품들도 있다. 존재는 다성적이며 일관되지 않기 때문에 모든 면을 남에게 공개하고 이해를 구할 수 없다.

신세계 백화점의 크리스마스 조명:
도시 규모의 미디어 아트

표준화되고 추상화된 데이터들이 네트워크를 떠다니며 만들어내는 미디어 아트는 존재의 표층을 다룬다. 이곳에선 빛나는 순간의 이미지들이 빠르게 전시되고, 복제되며, 소비된다. 그러나 하나의 소리로 고딕 대성당을 채우지 못하듯, 존재의 표층만으로는 거대한 네트워크를 울리지 못한다. 반면 존재의 가장 깊은 층위는 지극히 사적인 영역이어서 공개되지 않는다. 존재의 심층과 표면을 모두 다루기 위해선 고정된 물질성과 역사성이 필요하다. 고유하며 쉽게 복제되지 않고, 중첩과 축적의 과정을 거쳐 쌓인 시간의 나이테가 필요하다. 그래서 그림이 아닌 조각이 박물관의 주인공이다.

수천만 년을 돌 속에 숨겨져 있던 이미지가 예술가의 손끝에서 모습을 드러내는 것이 조각이다. 조각은 무게를 갖고 시간을 견딘다. 그래서 자기 이름을 영원히 남기고 싶었던 왕들은 화가는 떠나보내도, 조각가는 가

두려고 했다. 화가였던 레오나르도 다 빈치Leonardo da Vinci 1452~1519는 피렌체와 밀라노를 오갔고, 로마를 거쳐 프랑스에서 사망했다. 왕들은 그의 그림을 가지고 싶어 했고, 다빈치를 따라 그의 그림도 유랑했다. 그 결과 다빈치의 대표작인 <모나리자Mona Lisa>는 결국 루브르에 걸려있다. 반면 미켈란젤로Michelangelo Buonarroti 1475~1564는 돌을 깎았다. 미켈란젤로는 화가이기도 했지만 무거운 대리석을 잘 다뤘고, 바윗덩어리 안에서 존재를 건져 올리는 재능으로 따를 자가 없었다. 교황 율리우스 2세Pope Julius II 1443~1513는 미켈란젤로에게 바티칸 시스티나 성당의 벽과 천장을 맡겼고, 자신의 무덤을 위한 조각도 맡겨서 그를 묶어 두려 했다. 그림은 표면을 장식하지만 조각은 건축물의 일부가 된다. 그림은 떠돌아다니지만 조각은 한자리에서 세월을 견디며 존재를 고정한다. 늘 변하는 네트워크가 아니라 도시 정도의 실제 공간에 미디어 아트를 전시하기 위해선 도시의 공간에 고정돼서 변화를 견디는 무게가 필요하다.

그래서 나라의 수도를 전시장으로 삼고, 가장 오래된 백화점을 매년 장식하는 크리스마스 조명Media Facade은 서울에서 가장 중요한 미디어 아트다. 신세계백화점의 크리스마스 조명은 디지털 데이터가 할 수 없는 일을 해낸다. 디지털 공간에서 일어나는 수많은 이미지와 정보는 빠르게 소비될 뿐 축적되지 않는다. 축적은 고정된 장소에서 일어나야 나이테가 된다. 웨인 왕Wayne Wang 1949~ 감독의 1995년 작품인 <스모크Smoke>에서 하비 케이틀Harvey Keitel 1939~은 13년 동안 매일 아침 8시에 자신이 운영하는 담배 가게 앞에서 같은 배경의 사진을 찍는다. 담배 가게의 단골인 소설가 윌리엄 허트William Hurt 1950~는 하비 케이틀이 같은 장면을 반복해서 찍는 이유를 이해하지 못하지만, 어느 날 이렇게 찍힌 4,000장의 사진 중에서 죽은 아내가 찍힌 사진을 발견하고 충격을 받는다. 비밀의 정원은 장소가 가진 기억에도 있다. 윌리엄 허트는 장소의 기억을 훔쳐보다가 숨진 아내의 이미지를 매개로 장소와 공명한다. 도시의 중심에서 크리스마스 시즌마다 매년 다른 이야기와 주제를 가지고 축적되는 조명은 언젠가 사람보다 오랜 기억을 갖게 될 것이다. 누군가는 이곳 크리스마스 조명을 배경으로 첫사랑을 만나고, 결혼 예물을 고르고, 첫 아기의 신발을 샀던 기억을 떠올릴 것이다. 같은 배경의 수많은 사진들이 인스타그램에 전시되면 누군가는 그곳에서 숨진 아내를 발견할 수도 있다. 깊은 감정이 담긴 장면들이 장소의 기억에 쌓이면 비밀의 정원의 호수도 깊어진다.

신세계백화점의 크리스마스 조명은 한 해가 저물고 있다는 것, 조명이 꺼지면 한 해의 시간이 또 한 번 모두 소진된다는 것, 음악이 끝나고 있다는 것, 내 삶에도 끝이 있다는 것을 환기시킨다. 중세 시대부터 대성당들이 해오던 일이다. 오래된 아름다운 건축물의 외부를 꾸며서 도시를 밝히면, 창문 없는 건물의 내면이 외면으로 확장된다. 이 시기 백화점을 찾는 사람들은 자신이 예술작품 속에 있다는 걸 의식한다. 도시의 한가운데에서 존재의 깊은 곳이 표면에서 빛난다.

감사의 말
ACKNOWLEDGMENTS

시인이 되고 싶었고, 시를 쓰려면 먼저 직업을 가지라는 시 쓰는 선배의 조언에 따라 방송국에 들어와서 30년 가까이 지냈다. 라디오로 클래식 음악을 듣는 것을 좋아했기에 다른 욕심도 후회도 없는 세월이었다.

LP로 방송하고 마그네틱 릴 테이프로 편집하던 시절에 방송국에 들어와서, 음악과 방송이 디지털 기술로 바뀌는 현장을 경험했다. 아직 이 나라에 제대로 된 음악 아카이브가 없던 때에, 방송국의 CD에서 데이터를 추출해서 디지털 음악 아카이브를 만드는 일을 기획해서 완성했다. 음악 저작권 단체들과 저작권료 분배를 위한 표준 음악 아카이브를 만드는 일도 보람 있는 일이었다.

아날로그 스튜디오를 디지털 스튜디오로 개선하면서 방송 기술에 대해 깊이 공부할 수 있었고, KBS의 라디오 방송 애플리케이션 KONG을 개발하고 표준화 작업을 하면서 라디오 수신기가 사라지고 스마트폰으로 대체되는 과정을 생생하게 체험했다. TV 방송이 HD로 전환되던 때에는 아날로그 카메라를 디지털 카메라로 바꾸고, 방송 스튜디오와 편집 시설, 송출 시설을 개선하고 교체하는 일에 참여했다. 이 과정에서 방송국의 엔지니어들과 의견 충돌이 많았다. 의욕이 앞서고 인격이란 것이 아직 없던 때였다. 이 기회를 통해 그 시절의 많은 분들에게 감사와 사과의 뜻을 전하고 싶다.

이 즈음에 최진석 교수님을 만났고, 2018년에 건명학관에 다니면서 클래식 음악 감상 모임을 시작했다. 음악을 같이 듣고 가르치면서 음악에 대한 이해가 생겨났다. 방송국에서 음악 PD로 일할 때는 하루하루 그날의 선곡에 급급해서 음악을 듣는 나를 바라볼 기회가 없었다. 최진석 교수님께 감사드리고, 그때부터 함께 한 음악 감상 모임 <살롱드강 Salon de Kang>에서 매달 만나는 음악 감상자들에게 감사드린다. 중세음악부터 시작해서 이제는 재즈를 같이 듣고 있는 이분들은 전문 음악 감상자들이다. 지난해부터 시작한 또 다른 감상 모임인 <심야음감> 멤버들에게도 감사드린다. 이 책의 대부분은 음악을 같이 감상하고 해설하면서 깨달은 것들이다.

올해는 마침 국가공무원인재개발원에서 연수를 받고 있어서 책을 쓸 용기를 낼 수 있었다. 강의를 듣는 중에도 책 쓰는 일에 정신이 팔려 있었던 것을 고백한다. 과천의 인재개발원은 책을 쓰기에 참 좋은 곳이다. 비슷한 또래의 사람들과 인사를 나누고 어색함을 극복하면서 서로 알아가는 것은 참 근사한 일이다.

아주 어릴 때부터 클래식 음악을 듣게 해 주신 부모님에게 감사드린다. 제 잘난 멋에 취해 인생의 반을 넘겨 살고 있지만, 태반이 물려받은 것이다. 결국 어릴 때 부모님이 들려주신 음악을 주제로 첫 번째 책을 낸다. 빈둥대며 음악 듣고 사는 나를 참아주는 가족에겐 앞으로도 계속 참아달라는 당부를 하고 싶다.

이 책은 한국언론진흥재단의 지원으로 <언총 미디어 총서>로 출판되는 첫 번째 책이기도 하다. 언총을 만들고 세워가는 수많은 동료들에게 감사와 존경의 뜻을 전하고 싶다.

참고 음악 목록
REFERENCE MUSIC LIST

1장. 폴리포니 polyphony: 공간의 확장

1. ### 그레고리오 성가 <Veni Creator Spiritus>
   연주 Benedictins de l'Abbaye Saint-Maurice & Saint-Maur

   베네딕트 수도원 수도사들이 부른 그레고리오 성가다. 생 모리스 수도원은 룩셈부르크 클레르보에 있는 로마네스크 양식의 아름다운 수도원이고, 이곳에선 매일 10시 미사에서 12명의 수도사들이 부르는 아름다운 그레고리오 성가를 들을 수 있다.

2. ### 암브로시안 성가 <Sanctus Ambrosianum>
   연주 Choralschola im Auftrag der Robert Schumann Hochschule

   독일 합창단이 노래한 암브로시안 성가다. 안타깝게도 암브로시안 성가를 녹음한 기록은 많지 않다. 1분 밖에 안되는 짧은 곡이지만 잔향이 좋은 공간에서 녹음되어 감동이 깊다.

3. ### Kassia [9세기 비잔틴 여성 작곡가] <Petron ke Pavlon>
   연주 Vocame

   베드로와 바울에 관한 노래다. 카시아는 기록된 악보로 확인되는 최초의 여성 작곡가다. 중세 비잔틴 세계에서는 여성이 작곡하고 노래하는 것이 허용되었다는 것을 증언하는 소중한 기록이다. 카시아는 황제와 결혼할 자격을 갖춘 고귀한 신분의 여인이었으나, 수도원에서 음악에 헌신하면서 생을 보냈다.

4. ### 유대 성가 <Ma Navu>
   연주 Vox Clamantis

   이사야 52장을 내용으로 하는 아름다운 유대 성가다. 초기 기독교 교회의 음악은 유대교의 전례와 형식에 많은 영향을 받았다. 듣는 순간 아름다운 선율에 매혹될 것이다.

5. **\<Martin Codax Ai Deus, Se Sab'Ora Meu Amigo^{Cantiga de Amigo}\>**
   연주 Vivabiancaluna Biffi^{보컬리스트}

   13세기 포르투갈의 민스트렐^{음유시인}의 노래다. 선원들과 그 가족이 많은 항구 도시의 음악에서 공통적으로 볼 수 있는 깊은 애환을 담은 노래다. 친구를 그리워하는 여자의 독백 같은 노래로 시작하는데, 류트의 담백한 반주가 오히려 더 깊은 정서적 교감을 불러 일으킨다.

6. **Perotin^{1200~1225} \<Alleluia Posui Adiutorium\>**
   연주 Hilliard Ensemble

   13세기 노트르담 대성당에 울려 퍼졌던 다성 음악이다. 성부마다 선율이 다르고, 리듬도 다르다. 이 음악의 아름다움을 깨닫기까지 인내와 숙성의 시간이 필요할 수 있다. 훈련받은 소수의 목소리가 마이크와 스피커 없이 큰 공간을 가득 채우고 있다. 고딕 교회의 스테인드글라스를 통과한 빛의 리듬을 상상하면서 들어야 한다.

7. **Philippe de Vitry^{1291~1331} \<Petre Clemens Tam Re Quam Nimine\>**
   연주 Sequentia

   필립 드 비트리는 아르스 노바 시대를 연 작곡가다. 노트르담 악파에 비해서 리듬이 훨씬 자연스럽다. 리듬을 세밀하게 기보할 수 있게 된 결과다. 모든 성부들이 또렷하게 들리는 세련되고 모던한 모테트다. 이때부터 어느 성부에 집중하느냐에 따라 감상자마다 다른 음악을 들을 수 있게 됐다.

8. **Guillaume de Machaut^{1300~1377} \<Messe de Nostre Dame 중 Agnus Dei\>**
   연주 Ensemble Gilles Binchois

   라틴어로 부르는 성가지만, 프랑스 음악의 우아함이 깃들어 있는 작품이다. 남들이 내 노래를 듣고 있는 걸 의식하면서, 박자를 미묘하게 끌거나 흔든다.

9. **Giovanni Gabrieli**[1554~1612] **<Sancta et Immaculata Virginitas>**
   연주 Currende & Concerto Palatino

   베네치아의 산마르코 대성당의 이층에서 두 개의 성가대가 서로 마주 보고 주고받는 8성부의 더블 콰이어다. 공간의 입체감이 확연하게 느껴지는 반면 곡의 전체적인 윤곽을 파악하기는 더 어려워졌다. 소리로 큰 공간을 가득 채워서 안에 있는 사람들을 압도하기 위한 음악이다.

10. **Vivaldi <바이올린 협주곡 A장조**[RV 552] **Per Eco in Lontano>**
    연주 Fabio Biondi, Enrico Casazza, Europa Galante

    비발디가 1740년에 작곡한 곡이다. 두 대의 바이올린이 서로 거리를 두고 선율을 주고받는다. 비발디가 음악 선생으로 있던 베네치아의 여자 고아원 오스페달레 델라 피에타에서 비발디가 직접 연주했을 것이다. 당시로서는 보기 힘든 여자 연주자가 스크린으로 가려진 이층의 공간에서 또 하나의 바이올린을 연주했을 텐데, 당시 베네치아가 아닌 다른 곳에선 금지된 장난이었을 것이다.

11. **Bach <무반주 첼로 모음곡 6번 D장조**[BWV 1012] **중 1. Prelude>**
    첼로 Jean-Guihen Queyras

    바흐의 <무반주 첼로 모음곡 1번>의 프렐류드가 잘 알려져 있지만, 이 모음곡은 번호가 높아질수록 화려하다. 바흐는 한 대의 첼로로 대위법을 구사한다. 그 안에서 소리의 크기와 템포를 조절해서 공간적인 거리감도 동시에 표현해야 하는 난이도 높은 곡이다. 대위법과 원근법을 동시에 감상할 수 있는 작품. 장 기엥 케이라스의 연주가 탁월하다.

12. **Allegri**[1585~1652] **<Miserere>**
    연주 Sistine Chapel Choir

    1770년 시스티나 성당을 방문한 모차르트가 이 곡을 듣고서 기억을 되살려 악보를 적었다고 알려진 아름다운 다성 음악이다. 시스티나 성당의 높고 깊은 공간의 구석구석으로 소리가 드나들 수 있도록 충분히 여유 있는 템포로 노래해야 한다. 공간과 하나가 된 음악이어서 같은 악보로 다른 곳에서 연주해도 이런 감동을 재현하기는 힘들다. 이 예배당의 천장에서 미켈란젤로가 그린 천지창조를 볼 수 있다.

13. **Johannes Ockeghem**[1410~1497] **<Requiem 중 Sanctus>**
     연주 Ensemble Organum

최초의 폴리포니 레퀴엠이다. 오케겜은 온화하고, 존경받는 사제이자 작곡가였다. 르네상스 시대의 브람스.

2장. 악보와 인쇄술: 공간의 이동

1. **Corelli**[1653~13] **<트리오 소나타 F장조**[Op. 1-1] **중 2. Allegro>**
   연주 The Avison Ensemble

   르네상스 다성 합창음악의 구조를 갖추고 있으면서도, 현악기와 건반악기또는 류트만으로도 쉽게 연주할 수 있게 디자인된 기악형식이다. 몇몇 전문연주자들의 도움이 있으면 아마추어 연주자도 충분히 그럴듯한 연주에 참여할 수 있었다.

2. **Vivaldi <협주곡 G단조**[RV 315], **여름**[Op. 8-2]**>**
   첼로 Luka Šulić, Archi Dell'Accademia Di Santa Cecilia

   바이올린 협주곡이지만 슬로베니아 출신 첼리스트 루카 슐리치의 첼로 연주로 들어 보길 권한다. 활의 텐션이 낮은 바로크 악기들은 짧고 강렬한 음을 빠르게 반복해서 연주할 때 더 매력적인데, 저음악기로 빠른 음을 연주하면 더 효과적이다.

3. **Mozart <바이올린, 비올라, 첼로를 위한 프렐류드와 푸가 4번 F장조**[KV 404a-4] **중 Fugue>**
   연주 Grumiaux Trio

   1782년 잘츠부르크를 떠나 비엔나에 도착한 모차르트는 고트프리트 판 슈비텐 남작이 매주 일요일 오전에 주최하는 연구모임에 참석하면서 바흐의 곡을 배우고 편곡했다.

4. **Mozart <바이올린 소나타 5번 Bb장조**[KV 10] **중 2악장 Andante>**
   바이올린 Alina Ibragimova, 피아노 Cedric Tiberghien

   베토벤 이전의 바이올린 소나타는 피아노의 기교가 돋보이도록 바이올린이 반주역할을 맡는다. 귀족의 영애들이 음악적 교양을 뽐낼 수 있도록 구성된 결과였다.

5. **Bach <Il Grosso Mogul**[BWV 594] **중 1악장 Allegro>**
오르간 Hansjoerg Albrecht

1714년 즈음 바흐가 바이마르에 있을 때, 비발디의 <협주곡 C장조[RV 208]>를 오르간을 위해 편곡한 작품이다. 종교전쟁으로 폐허가 된 당시 독일 지역의 교회들엔 성가대나 오케스트라를 유지할 여력이 없는 경우가 많았다. 바흐는 비발디와 알비노니 같은 이탈리아 작곡가들의 협주곡을 오르간 독주곡으로 편곡하면서 자신만의 음악세계를 구축했다.

6. **Bach <평균율 클라비어 1권**[BWV 846] **C장조 중 Fuga 1>**
피아노 Pierre-Laurent Aimard

1720년대 초, 쾨텐 궁정에서부터 바흐는 <평균율 클라비어곡집[BWV 846~893]>을 작곡하기 시작했다. 이 작품에는 C장조에서 B단조까지 24개의 조성에 각각 전주곡과 푸가가 하나씩 배치돼 있다. 바흐는 이런 악보집을 2권 작곡했다. 클라비어는 건반악기를 통칭하는 용어이기 때문에 이 작품집은 오르간, 합시코드, 클라비코드, 포르테피아노, 피아노, 아코디온 등 여러가지 악기로 연주된다.

7. **Liszt <초절기교 연습곡 12 Transcendental Etudes>**
피아노 임윤찬[YunChan Lim 2004~]

특별한 소개가 필요 없는 곡. 2022년 반 클라이번 콩쿠르 세미 파이널에서 임윤찬이 연주한 동영상이 볼 만하다. 무대와 청중석이 전혀 다른 세계로 분리된다.

8. **Beethoven <Missa Solemnis**[Op. 123] **중 Praeludium – Benedictus>**
지휘 Nikolaus Harnoncourt, Concentus Musicus Wien

장엄미사는 베토벤이 음으로 지은 대성당이다. 바이올린으로 시작하는 베네딕투스는 이 성당의 스테인드글라스 장미창이라 할 수 있다.

9. Beethoven <피아노 소나타 32번^{Op. 111} 중 2악장 Arietta; Adagio Molto Semplice e Cantabile>
   피아노 Andras Schiff

   언젠가 우주에 갈 일이 있다면 반드시 챙겨가야 할 음악.

10. Beethoven <현악 4중주 14번^{Op. 131} 중 4악장 Andante, ma non troppo e molto cantabile>
    연주 Alban Berg Quartett

    이 작품은 7개의 악장으로 구성되어 있지만, 쉬지 않고 한 번에 연주된다. 4악장은 그중 가장 긴 악장이다. 슈베르트는 자신이 죽을 때 베토벤 <현악 4중주 14번>을 듣고 싶어했다.

11. Wagner <Tannhäuser Overture>
    지휘 Giuseppe Sinopoli, Philharmonia Orchestra

    바그너의 <링 사이클>에 도전하기 전에 <탄호이저 서곡> 정도를 먼저 감상하고, <뉘른베르크의 명가수>로 입문하는 걸 추천한다.

12. Max Steiner <Gone with the Wind 중 Tara's Theme>

    대공황을 막 벗어난 1939년의 미국이 바라던 것이 무엇인지 알려주는 음악.

3장. 녹음과 방송: 공간의 연결과 초월

1. **Beethoven <교향곡 9번>**
   지휘 Toscanini, NBC Symphony, Robert Shaw 합창단

   1948년 4월 3일에 NBC의 TV와 라디오 네트워크를 통해서 방송된 영상. 토스카니니의 절제되고 정확한 템포는 베를린 필하모니를 지휘했던 푸르트뱅글러와 자주 비교된다. 모노 녹음이고 현대의 녹음에 비해 음의 잔향이 풍부하진 않지만, 토스카니니의 지휘에 예민하게 반응하면서 오케스트라가 쌓아올리는 음의 건축술은 놀랍다.

2. **Beethoven <교향곡 5번>**
   지휘 George Szell, Cleveland Orchestra

   1966년에 조지 셀이 클리블랜드 오케스트라를 이끌고 베토벤 5번 교향곡의 4악장을 지휘하는 동영상을 유튜브에서 볼 수 있다. 프랑스 혁명의 낭만적 열기로 가득 찬 악장이다.

3. **<Sweet Loving Man>**
   연주 King Oliver's Jazz Band

   1923년 시카고에서 녹음된 음원. 특별한 녹음 기술이 없을 시절. 클라리넷 독주자와 트럼펫 연주자가 마이크와 가까운 곳에서 녹음한 것을 알 수 있다.

4. **<Sing Sing Sing>**
   연주 Benny Goodman Orchestra

   1937년 꿈이 무대인 카네기 홀에서의 실황 녹음. 당시로서는 이례적으로 연주 시간이 8분 40초나 되는 녹음이다.

5. **<Ko Ko>**
연주 Charlie Parker's Reboppers

1945년 뉴욕에서 녹음된 작품. 찰리 파커의 신들린 듯한 연주를 들을 수 있다.

6. **<Bird of Paradise>**
연주 Charlie Parker, Miles Davis, Duke Jordan, Tommy Potter, Max Roach

찰리 파커는 트럼페터 디지 길레스피와 함께 비밥을 이끌었다. 디지 길레스피는 마일즈 데이비스가 트럼펫을 불 때는 피아노를 연주하기도 했지만, 앨범에 기록을 남기지는 않았다.

7. **<Strange Fruit>**
노래 Billie Holiday

살해당해서 나무에 걸려 있는 흑인의 시체를 열매에 비유한 노래다. "Black bodies swinging in the southern breeze."

8. **<Don't Smoke in Bed>**
노래 Peggy Lee

함께 살던 연인을 떠나면서 부르는 노래. 여자 재즈 가수들이 자신의 삶을 이야기하는 예술가로 성장하던 시절의 노래.

9. **Bach <골트베르크 변주곡$^{BWV\ 988}$>**
피아노 Glenn Gould

쉬지 않고 한 번에 연주된 것처럼 들리지만 사실은 수없이 반복해서 녹음한 후 녹음테이프를 정교하게 자르고, 이어 붙여서 완성한 녹음. 1955년 뉴욕.

10. **Miles Davis \<Kind of Blue\>**

    1959년 뉴욕 30번가 스튜디오. 마일즈 데이비스와 빌 에반스, 존 콜트레인, 캐논볼 애덜리, 윈튼 켈리, 폴 챔버스, 지미 콥스.

11. **Brahms \<Intermezzo$^{Op.\ 117\text{-}2}$\>**
    피아노 Grigory Sokolov

    2013년 베를린 필하모니에서 연주한 영상. 소콜로프가 연주하는 브람스.

12. **Beethoven \<교향곡 7번\>**
    지휘 Carlos Kleiber, Wiener Philharmoniker

    베토벤 교향곡 5번과 7번이 한 음반에 수록되어 있다. 베토벤 5번에선 이 음반이 단연 뛰어나다. 음반을 구입해도 좋다.

13. **Tchaikovsky \<바이올린 협주곡 D장조$^{Op.\ 35}$\>**
    바이올린 Eugene Foder, 지휘 Erich Leinsdorf, New Philharmonia Orchestra

    차이코프스키 콩쿠르에서 최고상을 수상하고 롤링 스톤스의 믹 재거에 비유되었으나, 마약 복용으로 결국 전성기 기량을 되찾지 못한 비운의 천재 유진 포더의 차이코프스키 바이올린 협주곡.

4장. 디지털 음악: 공간의 해방

1. **Beethoven <피아노 소나타 29번^{Op. 106} Hammerklavier>**
   피아노 Sviatoslav Richter (1975년 Royal Albert Hall)

   이 해에 리히터가 이 곡을 녹음한 음원이 적어도 3개가 있다. 6월 프라하, 6월 런던, 7월 알데버러 페스티벌.

2. **Haydn <교향곡 103번 Eb장조 Drum Roll>**
   지휘 Colin Davis, Royal Concertgebouw Orchestra

   '큰북 연타'라고 부르기도 한다. 하이든이 런던에서 작곡한 합스부르크가 풍의 교향곡이다. 1악장이 팀파니 독주로 시작되기 때문에 지어진 이름이다.

3. **Cristobal de Morales^{1500~1553 스페인} <Parce Mihi Domine ^{주여 긍휼히 여겨 주소서} >**
   색소폰 Jan Garbarek, Hilliard Ensemble

   스페인의 르네상스 다성 합창곡에 얀 가바렉의 색소폰 연주가 어울려 신비한 울림을 만들어낸다.

6장. 미디어 아트

1. **Arvo Pärt <Spiegel im Spiegel^{거울 속의 거울}>**
   비올라 Benjamin Hudson, 피아노 Juergen Kruse

2. **Schubert <Nachtviolen^{밤제비꽃 D 752}>**
   바리톤 Dietrich Fischer-Dieskau, 피아노 Gerald Moore

   독일 낭만주의의 상징인 푸른 꽃. 밤에 핀 제비꽃이 고요하게 밤 공기를 응시한다.

3. **Bach <바이올린 파르티타 2번 D단조^{BWV 1004} 중 Chaconne>**
   바이올린 James Ehnes

   1720년 괴텐 궁정에서 일하고 있던 바흐가 출장 중에 아내가 사망한다. 뒤늦게 아내의 사망을 접한 바흐의 고통이 담긴 작품.

4. **Tom Waits <You Are Innocent When You Dream>**

   1995년 웨인 왕 감독의 영화 <스모크> 의 마지막 장면에 삽입된 곡이다. 오래된 슬픔, 죽을 때까지 함께 하자는 맹세, 꿈과 기억. 존재의 비밀 정원에선 모두가 결백하다.

에필로그
EPILOGUE

존재는 폴리포니다

여러 이야기들이 서로 다른 리듬과 높낮이로 중첩되어 울리는 폴리포니처럼, 존재는 다성적이다. 고딕 성당의 아치 아래서 거대해진 공간을 채우던 중세와 르네상스의 성가, 인쇄술로 악보가 되어 유럽을 넘어 전파된 바로크 음악, 마이크와 스피커가 분리한 공간에서 시간을 편집한 글렌 굴드와 마일즈 데이비스. 이 모든 음악이 디지털 기술로 해방되어 내 뇌의 바로 앞까지 데이터로 전달되고, 서로 다른 성부에서 울리는 이야기가 되어 인공지능 시대를 사는 우리의 내면에서 교차하고 마주친다.

이 책을 미디어와 음악이라는 두 개의 주제 선율이 흐르는 폴리포니로 쓰고 싶었다. 이 책은 미디어라는 수단을 통해서 세계를 만나고, 음악을 통해서 시간을 감지하는 인간 존재에 대한 사색이다. 음악을 감상하는 것이 음악을 듣는 나 자신을 바라보는 일이듯이, 미디어를 통해 세계를 만날 때는 미디어를 통해 세상을 경험하는 나 자신을 바라봐야 한다. 미디어는 분리하고 연결하고 전시하면서 세계를 만나는 감각의 표층을 확대한다. 하지만 우리와 세계 사이에는 여전히 심연이 있고, 이름 붙일 수 없는 감정과 설명할 수 없는 기억의 흔적들이 살고 있는 비밀의 정원이 있다.

책이 끝나간다. 책이 쓰여질 것을 미리 알고 있었고, 책을 쓰기 전에 다 써버린 책에 대한 시를 먼저 썼다.

쓰여질 책

지나온 곳들과 먼 나라.
책장을 넘기면
읽었던 문장들이 울컥 쏟아질 것 같다.
왜 늘 가보지 못했을까?

순서대로 넘기려면 차라리 악보를 봐.
밑줄 친 문장들이 깃발처럼 펄럭이는 소리를
가만히 들어봐.
가장 화려했던 순간들엔 밑줄 칠 겨를이 없었어.
책장을 넘기면
먼 나라의 그 이야기들이 적혀 있을까?

이미 적어버린
쓰여질 문장들.
나의 판타지.

미디어 미학

김원 지음

2025년 7월 7일 1판 1쇄 발행

저작권 © 2025 김원
이미지 © 2025 김성진, 백한승

이 책에 수록된 모든 내용은 저작권법의 보호를 받습니다. 저자와 출판사의 사전 서면 동의 없이 이 책의 일부분 또는 전체를 복제, 저장, 검색 시스템에 보관하거나, 전자적·기계적 수단(복사, 녹음 등)을 통해 전송할 수 없습니다.

편집: 백한승
아트워크: 김성진
디자인: 그로소

발행: 그로소
주소: 03011 서울시 종로구 평창10길 7-10, 그로소
전자우편: grossostudiolab@gmail.com
대표전화: 02-6498-1888
ISBN: 979-11-961999-1-3(03600)
값: 18,000원

이 책은 2025년 한국언론진흥재단의 언론진흥기금을 지원받아 <언총 미디어 총서 1권>으로 발간되었습니다.

한국언론진흥재단   GROSSO